# 궁금했어, **곤충**

# 궁금했어, 곤충

**한영식** 글 | **남동완** 그림

나무생각

## 1장
### 곤충은 언제 태어났을까?

| | |
|---|---:|
| 희망을 꿈꾸는 생명 | 9 |
| 대멸종을 극복한 곤충 | 17 |
| 몸 구조를 바꾸며 진화하는 곤충 | 21 |
| **/ 궁금 pick /** 지구에 곤충이 번성하게 된 이유 | 26 |

## 2장
### 곤충은 어떻게 연구되어 왔을까?

| | |
|---|---:|
| 곤충 연구의 시작, 박물학 | 31 |
| 곤충학자들의 곤충 연구 | 36 |
| 곤충 탐구하기 | 43 |
| **/ 궁금 pick /** 곤충을 연구한 박물학자와 곤충학자들 | 50 |

## 3장
### 얼마나 다양한 곤충이 살고 있을까?

| | |
|---|---:|
| 곤충은 어떤 생명체일까? | 57 |
| 곤충의 눈, 코, 입 | 61 |
| 가슴에 달린 다리와 날개 | 69 |
| 곤충의 생김새와 서식지에 따른 분류 | 76 |
| **/ 궁금 pick /** 완전탈바꿈 곤충과 불완전탈바꿈 곤충 | 82 |

## 4장
### 생태계에서 곤충은 어떤 역할을 할까?

곤충의 희생은 생명의 시작     89
공생을 추구하는 곤충     96
/ 궁금 pick / 곤충의 천적과 방어법     104

## 5장
### 곤충은 얼마나 중요한 자원일까?

경제적 가치가 뛰어난 곤충     111
약용 곤충과 신약 개발의 희망     116
곤충의 탁월한 능력과 특별한 몸     123
/ 궁금 pick / 사람에게 위로를 주는 곤충     128

## 6장
### 곤충과 생물 다양성은 어떤 관련이 있을까?

생물 다양성과 기후 변화     133
곤충 다양성을 지키는 방법     141
/ 궁금 pick / 곤충 다양성과 미래     148

작가의 말     153

1장

곤충은 언제 태어났을까?
- 곤충의 역사

## 희망을 꿈꾸는
## 생명

 살아 있다는 건 기분 좋은 일이야. 푸른 지구에는 수많은 생명체가 함께 살아가고 있어. 따스한 햇볕에 파릇파릇 돋아난 잎사귀, 꽃밭을 날아다니는 나비와 벌, 무성한 수풀 속을 활기차게 뛰어다니는 다람쥐, 그 아래에서 꼬물거리는 지렁이도 있지. 우리가 사는 지구는 수많은 생물이 함께 살아가는 소중한 보금자리란다.
 많은 생물 중에서 아마도 가장 억울한 생물은 곤충일 거야. 왜냐고? 곤충이라는 정확한 이름 대신 하찮은 생물을 의미하는 '벌레'라고 불리고 있으니까. 지금부터 사람들에게 제대로 대접받지 못한 곤충이라는 생명체에 대해 알아볼 거야.
 곤충이 어떤 생물인지 자세히 살펴보면 그동안 오해했던 속사정도 알 수 있어. 이뿐만 아니라 곤충이 미래의 중요한 자원으로 가장 주목

받는 생물이라는 사실도 알게 될 거야.

  작은 생명체인 곤충의 진가를 제대로 알고 지구에 사는 모든 살아 있는 것들이 아름답다고 느끼는 순간 우리도 진정한 지구촌 가족이 되는 거지. 자, 모두 준비되었지? 지금부터 신비롭고 놀라운 생명체 곤충을 만나러 함께 떠나 보자고!

### 공룡보다 먼저 태어난 곤충

  지구에는 언제부터 곤충이 살았을까? 한 번도 생각해 본 적이 없다고? 그렇다면 공룡은? 바로 중생대 쥐라기가 떠오를 거야. 공룡은 멸종된 생물이지만 사람들이 많은 관심을 가지고 있지. 그러나 곤충은 달라. 언제부터 번성하며 살았는지 대부분은 잘 모를 거야.

  자, 이제 곤충을 만나기 위해 공룡이 번성했던 약 2억 년 전인 중생대 쥐라기로 가 보자. 쿵쿵 뛰어다니며 울부짖는 공룡들의 소리가 들리지? 과연 공룡들이 활개치고 다니는 이 시대에 곤충들도 살고 있었을까? 곤충은 몸집이 워낙 작으니까 꼼꼼하게 살펴봐야 해. 슬금슬금 덩치 큰 공룡 옆을 발발대며 기어 다니는 곤충이 보일 거야.

  중생대 쥐라기는 공룡뿐 아니라 곤충도 번성한 시대였어. 보이지 않는 곳에서 활발하게 움직이는 곤충이 있었기에 공룡도 살 수 있었지. 곤충은 공룡의 배고픔을 채워 주는 데 중요한 역할을 했어. 곤충을 직접 잡아먹는 작은 공룡도 있었을 테지만, 땅 위에서, 땅속에서 부지런히 움직여 풍족한 먹을거리를 제공해 준 것이 바로 곤충이야.

지금도 곤충은 지구 생태계에 살고 있는 수많은 동물의 먹이로 매우 중요한 역할을 하고 있어. 곤충이 없다면 많은 동물은 굶어 죽을 수밖에 없을 거야.

## 고생대에 처음 출현한 곤충

푸른 지구에 곤충이 나타난 건 공룡보다 훨씬 더 먼저였어. 공룡은 약 2억 2천만 년 전에 출현했지만 곤충은 약 4억 년 전인 고생대 데본기 때부터 지구에 살고 있었거든. 공룡의 발소리가 전혀 들리지 않는 고요한 지구에 곤충이 먼저 나타난 거야.

데본기 이전 시기인 캄브리아기와 오르도비스기에는 삼엽충 같은 바다 생물만 살고 있었거든. 그런데 실루리아기가 되자 전갈, 거미, 노래기 같은 원시 절지동물이 육지에 나타나기 시작했어.

시간이 흐르자 바다 대신 땅에서 사는 절지동물이 점점 더 많아졌어. 절지동물은 몸이 여러 마디로 되어 있고 다리가 관절로 이루어진 동물이야. 절지동물은 서서히 땅 위를 점령하기 시작했지. 점점 다양한 절지동물이 나타났고 곤충도 그중 하나로 처음 등장했어.

곤충은 다른 절지동물과 달리 여섯 개의 다리를 가지고 있어. 지구상에 가장 먼저 나타난 곤충 톡토기와 돌좀도 다리가 여섯 개였지. 시간이 흐르자 곤충의 종류는 훨씬 더 다양해졌어.

처음에는 돌좀류나 좀류처럼 날개가 없는 곤충이 출현했지. 그러다가 날개가 달린 다양한 곤충들이 나타났어. 잠자리, 하루살이, 바퀴가

하늘 위를 날아다녔거든.

다음으로는 메뚜기, 여치, 매미, 노린재, 풀잠자리, 밑들이, 날도래, 딱정벌레가 출현했어. 수많은 다양한 곤충들이 하늘과 땅을 뒤덮으며 번성했어. 고생대의 마지막 시대, 페름기의 주인은 곤충이라고 할 수 있지.

페름기가 끝나 갈 무렵 지구에는 엄청난 사건이 기다리고 있었어. 지구상의 생물 약 96%가 죽는 무시무시한 대멸종이 일어난 거야. 대멸종의 이유는 정확히 알 수 없지만, 지구의 기온이 갑자기 올랐거나 이산화탄소가 많아졌거나, 화산 폭발이 일어났기 때문일 것으로 추정하고 있어.

그런데 정말 놀라운 게 뭔지 알아? 이러한 대멸종의 혹독한 환경 속에서도 곤충은 살아남았어. 대단한 생존력과 적응력이지.

### 곤충의 번성과 공룡의 시작

페름기 대멸종을 거뜬히 이겨 낸 곤충은 푸른 지구의 하늘을 누비며 다시 번성했어. 페름기에 출현했던 메뚜기, 여치, 노린재, 매미는 뒤바뀐 중생대 환경에도 빠르게 적응했지. 페름기 후반에 깜짝 출현한 풀잠자리, 딱정벌레, 밑들이, 날도래도 대멸종으로 잠시 주춤했다가 다시 번성하기 시작했어.

중생대의 시작인 트라이아스기에는 대벌레, 집게벌레, 뱀잠자리, 약대벌레, 벌 등 새로운 곤충이 등장했어. 대멸종을 이겨 내고 고생대부

터 살아남은 곤충과 중생대에 새롭게 나타난 곤충까지, 지구는 또다시 곤충들의 세상이 되었어.

중생대 쥐라기에도 마찬가지였어. 공룡은 몸집만 클 뿐 푸른 지구에 가장 많이 살고 있는 생명체는 이미 곤충이었거든. 이즈음에는 기생말벌과 흰개미까지 출현했어. 지구는 곤충이 바글거리는 세상이었지. 쥐라기 하면 떠오르는 생물은 보통 공룡이지만, 쥐라기 지구는 곤충과 공룡이 모두 행복하게 살던 세상이었어.

생존력이 강한 곤충이 페름기 대멸종에서도 살아남은 덕에 중생대 지구의 생태계가 더 다양해진 것이지.

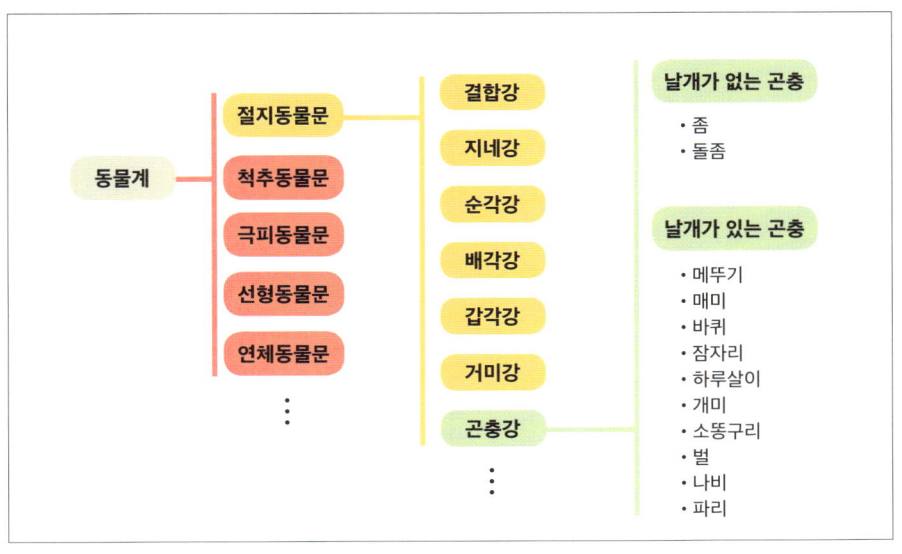

곤충의 구분

## 지질 시대와 생물 출현

| 구분 | 연대 | 시기 | 대표 곤충 | 생물의 기록 |
|---|---|---|---|---|
| 원생대 | 25억 년 전 ~ 6억 년 전 | 선캄브리아기 | | 원시 무척추동물 |
| 고생대 | 6억 년 전 ~ 5억 년 전 | 캄브리아기 | | 최초의 절지동물 (삼엽충 시대) |
| 고생대 | 5억 년 전 ~ 4억 4000만 년 전 | 오르도비스기 | | 최초의 척추동물 |
| 고생대 | 4억 4000만 년 전 ~ 4억 년 전 | 실루리아기 | | 최초의 육지동물 (전갈, 거미, 노래기, 지네) |
| 고생대 | 4억 년 전 ~ 3억 4500만 년 전 | 데본기 | 돌좀 | 어류 시대 |
| 고생대 | 3억 4500만 년 전 ~ 2억 8000만 년 전 | 석탄기 | 잠자리, 하루살이, 좀, 바퀴 | 날개 달린 유시곤충 출현 |
| 고생대 | 2억 8000만 년 전 ~ 2억 2000만 년 전 | 페름기 | 메뚜기, 매미류, 노린재류 | 대멸종을 이겨 낸 곤충 |
| 중생대 | 2억 2000만 년 전 ~ 1억 9500만 년 전 | 트라이아스기 | 풀잠자리, 딱정벌레, 날도래, 파리 | 최초의 공룡 출현, 곤충 대거 출현 |
| 중생대 | 1억 9500만 년 전 ~ 1억 3500만 년 전 | 쥐라기 | 기생말벌, 흰개미 | 곤룡 번성, 최초의 포유류 출현 |
| 중생대 | 1억 3500만 년 전 ~ 6500만 년 전 | 백악기 | 꿀벌, 말벌, 나비, 나방 | 최초의 조류 출현 |
| 신생대 | 6500만 년 전 ~ 200만 년 전 | 제3기 | 곤충 번성 | 포유류 번성, 현화식물 번성, 최초의 인류 출현 |
| 신생대 | 200만 년 전 ~ | 제4기 | | |

## 대멸종을 극복한 곤충

46억 년의 지구 역사에는 다섯 번의 대멸종이 있었어. 대멸종 사이사이에도 작은 규모의 멸종이 끊임없이 일어났지. 그때마다 지구의 생물 종류는 계속 바뀌었어. 급격한 환경 변화에 적응한 생물만 살아남았으니까.

오랜 세월 동안 지구 환경은 무척 많이 변했어. 생물들은 살아남기 위해 몸부림쳤지. 환경 변화에 적응하지 못하면 안타깝게도 최후를 맞이했어. 바다에서 크게 번성했던 삼엽충도 예외가 아니었어. 현재 화석만 남아 있을 뿐 멸종되었으니까.

공룡도 마찬가지야. 쥐라기에는 영원히 지구를 지배할 것처럼 수가 많았지만 멸종을 피해 갈 수 없었지. 공룡의 멸종과 관련해서는 대륙 이동에 의한 기후 변화 또는 잦은 화산 폭발로 인한 산소 감소, 기후 변화, 운석 충돌 등 다양한 가설이 존재해. 그중 가장 가능성이 높은 건 운석 충돌로 인한 멸종이야. 중생대 백악기 때 우주에서 날아온 운석과 지구가 충돌했고 지구 곳곳이 화염에 휩싸이면서 지구의 환경이 한순간에 무너졌다는 가설이지.

이때 공룡들은 피해 보려고 발버둥을 쳤겠지만 덩치 큰 몸을 숨길 곳은 없었겠지? 커다란 몸집이 재난 앞에서는 오히려 약점이 되고 만 거야. 결국 불타는 지구에서 공룡은 흔적도 없이 사라지고 말았지. 그렇게 지구의 생명은 모두 사라진 걸까?

### 꽁꽁 얼어붙은 빙하기

빙하기가 공룡의 멸종에 결정적 역할을 했다는 가설도 있어. 운석 충돌과 화산 폭발에 의한 먼지가 온통 하늘을 뒤덮는 바람에 햇볕이 지구에 도달하지 못하면서 지구는 점점 기온이 떨어졌대. 추위에 오들오들 떨어야 하는 빙하기가 찾아온 거야.

많은 동물들이 추위를 버티지 못하고 죽음을 맞이했지. 먹이를 전혀 구할 수 없는 차가운 빙하기는 살아남기 어려운 환경이었거든.

그러나 곤충은 달랐어. 불타는 지구에서도, 꽁꽁 얼어붙은 땅에서도 보란 듯이 적응력을 뽐냈거든. 땅 위에 활활 불길이 타오르거나 차가운 얼음이 뒤덮으면 땅속으로 쏙 들어가서 위기를 벗어날 수 있었지.

곤충은 공룡보다 몸 크기가 작다는 장점도 있었어. 몸이 작다는 것은 먹이를 조금만 먹어도 살아남을 수 있다는 말이거든. 신이 곤충에

게 준 최고의 선물은 작은 몸이었던 거야. 만약 공룡처럼 컸다면 어땠을까? 곤충도 공룡과 함께 멸종하고 말았을 거야.

온 땅이 얼어붙은 상황에서 곤충은 약간의 먹이로 생명을 유지하면서 추위를 피해 땅속에 숨어 견뎌 낼 수 있었지.

슬기롭게 환경에 적응한 곤충은 중생대가 지나고 신생대가 시작되면서 다시 한번 번성했어. 신생대에 등장한 다양한 현화식물과 공존을 택했거든. 현화식물은 쉽게 말해 꽃을 피우는 식물이야.

이렇게 고생대에 나타난 곤충은 지금도 여러 생물과 긴밀한 관계를 맺으며 번성하고 있는 끈질긴 생물이야.

## 몸 구조를 바꾸며 진화하는 곤충

어떤 극한 환경이 찾아와도 살아남은 곤충은 무적의 생물일까? 물론 운석 충돌과 빙하기는 곤충에게도 쉽게 넘을 수 없는 산이었을 거야. 그러나 곤충은 타고난 적응력으로 살아남았어. 슬기롭게 자연환경에 적응할 수 있는 곤충의 몸 구조 덕분이야.

곤충의 몸은 시간에 따라 조금씩 변해 왔어.

최초의 곤충인 돌좀류는 날개가 없는 '무시류(無翅類)'였어. 그러나 얼마 지나지 않아 날개가 달린 '유시류(有翅類)'가 등장했지. 잠자리와 하루살이 같은 곤충인데, 생존에 유리한 날개를 갖고 있었기 때문에 더욱 번성할 수 있었어.

하지만 잠자리와 하루살이도 불편한 점은 있었어. 접을 수 없는 얇고 연약한 날개가 쉽게 찢어질 수 있었기 때문이야.

우리벼메뚜기 ⓒ 한영식

시간이 지나면서 날개를 효과적으로 사용하는 새로운 곤충 무리가 등장했어. 이들은 날개를 접었다 폈다 할 수 있는 메뚜기, 노린재, 딱정벌레 등이었지.

점점 더 발전한 날개는 곤충이 지구에 적응하는 데 큰 도움이 되었어. 이처럼 급격한 환경 변화 속에서도 곤충이 살아남을 수 있었던 이유는 환경에 적응하며 몸 구조를 바꾼 덕분이야.

## 함께 살아가는 곤충

'작은 고추가 맵다.'는 말처럼 몸집이 작은 곤충은 지구에서 사는 생물 중 최강의 생명력을 가졌어. 고생대 페름기 대멸종의 위기도 이겨 내고 중생대 백악기의 빙하기도 거뜬히 이겨 냈으니까. 간신히 살아남은 공룡들이 먹이를 구하지 못해 이리저리 헤매야 했다면, 곤충은 더위와 추위를 피해 땅속으로 유유히 숨고, 적은 먹이로 목숨을 유지할 수 있었을 테니 훨씬 느긋했지.

대멸종의 위기를 여러 차례 겪은 곤충은 신생대에 들어서면서 더욱 번성했어. 꽃이 피는 현화식물과 공진화를 거듭하면서 홀로 살기보다 함께 사는 법을 택했거든. 공진화는 서로 관련 있는 둘 이상의 종이 서로 영향을 주면서 진화하는 것을 말해. 나비나 벌은 꿀을 먹기 쉽게 입 모양이 진화하고 꽃가루는 곤충에게 쉽게 달라붙어 이동할 수 있게 돌기가 생겼지.

현재 지구 생태계에 살고 있는 생물 중 가장 종류와 수가 많은 것은 곤충이야. 지금까지 밝혀진 약 180만 종의 생물 중 50%가 넘는 100만 종이 곤충이거든. 그 이유 역시 곤충이 다른 생물과 유기적으로 관계를 맺으며 살아가기 때문이야.

### 곤충 행성

고생대 데본기 때 출현한 곤충은 오늘날에도 지구에서 가장 번성한 생물이야. 변화무쌍한 지구 환경에서도 살아남아 다른 생명체들과 적절하게 경쟁하고, 함께 발전하면서 슬기로운 지구 생활의 본보기를 보여 줬지.

곤충이 가진 장점은 무엇보다 끈질긴 생명력이라고 할 수 있어. 혹독한 환경에 빠르게 적응하는 건 기본이고, 엄청난 번식력으로 종족을 늘였거든. 푸른 지구가 곤충의 행성이 된 것도 그 때문이야.

지구에 살고 있는 곤충의 종류는 셀 수 없이 많아. 그래서 아직 이름을 갖지 못한 곤충도 많지. 학자들은 지구에 사는 곤충의 종류는 약 500만~1,000만 종일 거라고 추정하고 있어. 그야말로 밤하늘의 별만

큼이나 많은 거지.

 인류의 조상이 지구에 출현한 건 약 300만 년 전이고 호모사피엔스는 약 3만 년 전에 나타났어. 4억 년 전부터 있던 곤충과 비교하면 인류의 역사는 너무나 짧게 느껴질 정도야. 그런 의미에서 지구에 슬기롭게 적응한 곤충을 잘 살펴보면 인류의 미래를 열어 갈 희망을 찾을 수 있지 않을까?

## 지구에 곤충이 번성하게 된 이유

곤충은 지구에 사는 생물 종의 절반이 넘고, 동물 종의 약 70%를 차지해. 어떻게 곤충이 지구에서 가장 번성하게 된 걸까?

첫째로 곤충은 몸 크기가 작다는 장점이 있어. 몸집이 작으면 먹이를 조금만 먹어도 되고 천적의 공격도 쉽게 피할 수 있거든.

둘째로 곤충은 새처럼 날개를 갖고 있어. 날개 덕분에 멀리 떨어진 곳까지 날아가서 먹이를 구해 올 수 있고 천적도 쉽게 따돌릴 수 있지. 날개의 형태가 점점 발전하면서 곤충은 지구에서 가장 많은 생물이 되었어.

셋째로 곤충은 보호색을 가졌어. 곤충은 다른 동물에 비해 크기가 작아 항상 힘센 동물을 피해야 하거든. 동물의 공격에 속수무책으로 당하지 않으려면 천적에게 쉽게 발각되지 않는 보호색이 꼭 필요해.

넷째로 곤충은 다양한 몸 구조를 가지고 있어. 곤충 종마다 몸 구조가 서로 다르게 발달했다는 말이지. 예를 들어 곤충의 입을 살펴보면 딱정벌레와 잠자리는 씹는 입, 나비류는 꿀을 빠는 입, 노린재류는 뚫어서 빠는 입, 파리는 핥는 입을 갖고 있어. 곤충마다 가장 적합한 형태로 입의 구조가 발달한 거야. 이러한 적응력 덕분에 먹이 경쟁이 심하지 않아 좋은 먹이를 먹으며 살아남을 수 있었어.

다섯째로 곤충은 뛰어난 번식력을 갖고 있어. 수명이 짧은 곤충은 계속 살아남기 위한 번식력이 무엇보다 중요해. 알을 많이 낳아 개체 수를 많이 만드는 것이 곤충이 번성한 이유야.

여섯째로 딱정벌레류, 나비류, 벌류, 파리류 등 곤충의 약 80%가 완전탈바꿈을 한다는 거야. 완전탈바꿈을 하는 곤충은 유충과 성충의 모습이 완전히 달라. 그래서 유충과 성충의 먹이도 다르지. 사슴벌레의 유충은 참나무를 갉아 먹지만 성충은 나뭇진을 먹어. 호랑나비 유충은 산초나무의 잎을 갉아 먹지만 성충은 꿀을 빨아 먹지. 유충과 성충의 먹이가 다르면 서로 경쟁할 필요가 없어서 모두 잘살 수 있거든.

이런 여러 가지 장점 덕분에 곤충은 지구의 주인이 될 수 있었어.

털두꺼비하늘소의 보호색 ⓒ 한영식

## 2장

# 곤충은 어떻게 연구되어 왔을까?
### – 곤충 연구의 발달

## 곤충 연구의 시작, 박물학

호기심이 많은 사람들에게 곤충은 늘 관심의 대상이었어. 오래전에는 곤충을 연구하는 사람을 '박물학자'라고 불렀지.

왜 곤충학자가 아니고 박물학자냐고? 옛날에는 곤충학자가 따로 없었거든. 자연을 연구하는 사람들을 모두 박물학자라 불렀어. 곤충도 자연 속에서 살아가는 하나의 생명체니까 박물학자의 연구 대상에 포함되었던 거야.

박물학이 다루는 범위는 매우 넓어. 동물, 식물, 곤충 등 생물은 물론이고 광물의 종류와 특징, 지질 분야까지도 탐구하니까. 박물학은 자연에 존재하는 다양한 생물과 광물의 종류와 성질, 그리고 분포 등을 기록하고 분류하는 학문이었어. 즉, 다양한 자연물의 특성을 밝혀내는 과학이라고 할 수 있지.

박물학의 전성기는 19세기 영국의 빅토리아 시대야. 우리가 알고 있는 찰스 다윈 역시 그때의 박물학자였지. 다윈이 연구한 기록을 보면 박물학이 생물학, 광물학, 지질학 등 다양한 분야를 모두 다루고 있다는 걸 알 수 있어. 하지만 지금은 박물학이라는 연구 분야는 없어. 박물학이 각각의 전문적인 분야로 발전하면서 곤충학, 동물학, 식물학, 광물학, 지질학으로 나누어졌거든.

### 곤충학으로 발전한 박물학

박물학은 고대에서부터 시작해, 14~16세기 르네상스, 17~18세기 계몽 시대를 지나면서 점차 발전했어. 최초의 박물학자는 고대 철학자로 유명한 아리스토텔레스야. 계몽 시대의 대표적인 학자로는 생물을 체계적으로 질서 있게 정리한 칼 폰 린네와 세포를 처음 발견한 로버트 훅이 있지.

19세기에 들어서자 수많은 박물학자들이 탐험 여행을 통해 엄청난 양의 자료를 쌓기 시작했어. 특히 찰스 다윈은 비글호를 타고 탐험 여행을 다니며 연구한 결과 계통 분류학을 확립해 '진화론'을 완성시켰지. 박물학은 자연 과학 분야의 발전에 매우 중요한 기초가 되었어. 수많은 박물학자 덕분에 곤충, 동물, 식물을 연구하는 생물학이 발전했으니까. 폭풍우, 해적, 질병 같은 온갖 어려움을 이겨 내고 탐험 여행을 통해 신비로운 생물을 발견하고 연구한 위대한 박물학자들이 있었기에 곤충학도 지금에 이를 수 있었던 거야.

하지만 아직 알아내지 못한 것들도 많아. 자연 생태계는 너무나 넓으니까. 특히 생물 중에서 가장 종류가 많은 곤충에 대한 연구는 할 일이 산더미 같지.

### 우리나라의 곤충 연구

우리나라에도 박물학자가 있었을까? 우리나라에서 가장 유명한 나비 박사 석주명과 조복성 박사도 모두 박물학자였어. 곤충을 주로 연구했지만, 이분들이 활동했던 일제 강점기까지는 곤충학이라는 연구 분야가 따로 없었으니까.

우리나라에서 박물학이라는 용어는 일제 강점기 전후에 많이 사용되었어. 일제 강점기인 1923년에 '조선박물학회'가 창립되었거든. 1924년부터 1944년까지《조선 박물학》이라는 잡지도 펴냈어. 하지만 해방 이후에 각각의 전문적인 분야로 발전하면서 박물학이라는 말은 서서히 사라졌지. 자연에 대한 연구가 세분화되면서 곤충, 동물, 식물을 연구하는 사람들은 '조선생물학회'를 설립해서 연구를 했거든.

1971년에는 한국곤충학회가 창립되었고, 1978년 이후에는 서울대학교, 경북대학교, 강원대학교, 전북대학교 등의 국립대학 농생물학과에 곤충 분류학 강의가 개설되어 곤충 연구가 활기를 띠기 시작했어. 1994년에는 한국응용곤충학회와 한국곤충학회가 공동으로《한국곤충명집》을 발간하기도 했지.

1990년대 중반에는 장수풍뎅이, 사슴벌레 같은 애완 곤충을 취미로

기르는 사람들이 생겨나기 시작했어. 이처럼 곤충을 좋아하는 사람들 덕분에 곤충에 대한 인식도 좋아졌지. 얼마 전부터는 숲 교육이 활발해지면서 곤충에 대한 사람들의 생각이 많이 달라졌어. 박물학자처럼 숲을 누비고 자연을 탐구하며 즐기는 이들이 늘고 있지. 애완 곤충 경진대회도 있어. 곤충 체험존 같은 관람 부스도 있고 체험 프로그램이 다양하게 마련되어 있단다.

최근에는 인간에게 도움을 주는 자원 곤충(산업 곤충)에 대한 관심도 높아졌어. 곤충은 천적 곤충이나 식용 곤충 등의 농산업 분야, 생체모방과학이나 신약 개발의 핵심이 되는 융복합산업 분야, 문화나 디자인에 도움이 되는 콘텐츠 분야까지 우리에게 큰 도움을 주고 있지.

박물학자로부터 출발한 우리나라의 곤충 연구는 지금도 계속 진행 중이야. 하지만 곤충 연구의 역사가 70여 년 정도로 매우 짧아서 해야 할 일도, 연구할 곤충도 매우 많지. 아직 발견하지 못한 우리 곤충들이 얼마나 많겠어?

## 곤충학자들의 곤충 연구

 곤충을 만나면 만날수록 곤충학자는 연구에 몰두할 수밖에 없어. 보면 볼수록 새롭고 아직도 궁금한 게 많은 생명체니까. 수많은 학자들이 고대부터 지금까지 연구해 왔지만 아직 전 세계에 살고 있는 모든 곤충의 이름을 기록하지는 못했어. 쉽지 않은 일이지.

 곤충의 매력에 푹 빠진 곤충 연구가들은 어떻게 곤충을 연구할까? 우선 새로운 곤충을 발견했다면 일단 눈을 동그랗게 뜨고 관찰할 거야. 관찰은 생명체를 자세히 들여다보는 매우 중요한 일이거든. 생김새가 어떤지 모양과 색깔을 살피는 건 물론이고 어떻게 생활하는지 살피는 것도 필요해.

 또 어떤 무리에 속하는지 알아보고, 어떤 먹이를 먹고 사는지, 어떤 한살이 과정을 거치며 성장하는지, 짝짓기를 어떻게 하며 번식하는지

구체적으로 관찰하는 것이 중요해.

곤충을 발견한 곳 주변도 꼭 살펴봐야 해. 곤충이 다른 곤충이나 생물과 어떤 관계를 맺고 살아가는지 아는 건 그 곤충을 이해하는 데 매우 중요하거든. 이처럼 관찰은 곤충을 연구하는 가장 기본적인 방법이야.

### 뛰어난 곤충 관찰자 파브르

곤충학자 중에 가장 유명한 사람은 아무래도 장 앙리 파브르일 거야. 파브르는 프랑스에서 태어나 어려서부터 자연에 사는 동물과 곤충에게 관심이 많았어. 중학교 교사로 생활하던 어느 날 레옹 뒤프레가 쓴 벌에 대한 책을 읽고 곤충에 대한 관심이 되살아났지. 파브르는 그때부터 평생을 바쳐 곤충 연구를 하겠다고 마음먹었어.

파브르는 산과 들로 나가 곤충을 관찰하고 연구했어. 사람들은 아무 데나 쪼그리고 앉아 곤충을 관찰하는 파브르를 보며 비웃었지. 이런 점은 우리나라도 비슷해. 작은 곤충을 관찰하려고 길에 엎드려 있으면 이상하게 힐끔힐끔 쳐다보는 사람들이 많으니까. 그러나 파브르는 사람들의 시선에도 아랑곳하지 않았어. 곤충을 관찰하고 연구하는 게 무엇보다 재미있었거든.

파브르는 살아 있는 곤충 그대로를 관찰했어. 죽은 곤충을 해부하고 비교하는 건 파브르의 연구 방법이 아니었지. 그래서 매일 산과 들로 나가서 움직이는 곤충을 관찰하고 생각한 것을 기록했어. 곤충들이 사

는 곳을 직접 찾아가서 관찰하고 또 관찰했지.

특히 같은 시간에 찾아가 곤충들의 움직임을 낱낱이 관찰하려고 애를 썼어. 파브르는 곤충이 시간에 따라 활동하는 모습이 달라진다는 걸 알고 있었던 것 같아.

집으로 돌아와서는 직접 관찰하고 실험을 통해 확인한 사실을 기록했지. 이런 방법으로 연구하다 보니 소똥구리(쇠똥구리)를 연구하는 데 40년이나 걸렸어. 《파브르 곤충기》를 28년에 걸쳐 썼다는 걸 생각해 보면 파브르가 얼마나 끈기 있는 곤충 관찰자인지 알 수 있을 거야.

곤충을 관찰하는 장 앙리 파브르

파브르의 곤충 연구에는 사랑이 담겨 있어. 곤충 연구를 위해 채집하고 표본하고 사육하는 대신, 산과 들로 나가 곤충을 있는 그대로 관찰해서 얻은 결과와 생각을 기록하기만 했으니까. 최근 기후 변화와 환경 오염으로 곤충의 숫자가 급격히 줄어들었는데 이럴 때일수록 파브르의 관찰식 연구 방법이 필요한 것 같아. 이렇게 끈기 있게 오랫동안 관찰한다면 아직 발견되지 못한 곤충들의 새로운 비밀도 알아낼 수 있을 거야.

## 나비 박사 석주명

　　나비 박사 석주명은 평생 나비를 연구한 우리나라 최고의 곤충학자야. 전국 방방곡곡을 돌아다니며 75만 마리의 나비를 채집해서 연구했지. 석주명이 처음 연구를 시작하던 때는 우리나라에서 나비 연구가 막 시작될 즈음이었어. 우리나라에 온 외국의 박물학자들은 한반도 나비를 연구하면서 나비의 모습이 약간만 달라도 새로운 나비라고 생각해 너도나도 자신의 이름을 붙여 학명을 만들었지.

　　석주명은 이런 외국 학자들의 연구가 잘못되었다고 생각했어. 그리고 이를 확인하려고 많은 나비를 채집해서 연구했지. 논문 한 줄을 쓰기 위해서 3만여 마리의 나비를 직접 분석할 정도였으니까. 그래서 누구도 석주명의 연구를 반박하거나 비판하지 못했어.

　　석주명은 16만 마리가 넘는 나비의 날개 형태와 무늬 등을 비교 분석했어. 그 결과 모습이 달라 보였던 개체들이 변종이나 아종(생물의 종을 다시 세분한 분류 단위)이 아니라 '개체변이'라는 것을 밝혀냈지. 나비가 자라는 환경에 따라 조금 형태가 다른 것뿐이지 종은 같다는 걸 입증한 거야. 10여 년의 연구 결과를 바탕으로 석주명은 1940년에 《조선산 나비 총목록》을 발간했어. 한국의 나비가 기존에 발표된 921종에서 248종으로 최종 분류되면서 한반도 나비의 계통 분류학을 완성한 거야.

　　석주명은 나비를 정말 좋아한 학자였어. 나비의 계통 분류 연구는 물론이고 나비의 이름에까지 관심이 많았지. 전국을 돌며 나비 연구를 하다 보니 지역마다 사용하는 방언이 있다는 걸 자연스럽게 알게 되었어. 석주명은 예쁜 우리나라 나비에게 아름다운 우리말 이름을 붙여

석주명의 《조선산 나비 총목록》 본문

주기 위해서 기꺼이 제주도까지 내려가 방언 연구에도 힘을 쏟았지.

 석주명의 방언 연구는 아름다운 우리 나비 이름뿐 아니라 국어학계에도 큰 도움이 되었어. 각시멧노랑나비, 떠들썩팔랑나비, 수노랑나비, 깊은산부전나비, 유리창나비처럼 아름다운 나비 이름이 많은 건 모두 석주명의 나비 사랑 때문이야.

# 곤충 탐구하기

곤충을 탐구하려면 무엇을 먼저 해야 할까? 일단 곤충을 찾아야 해. 그러나 곤충을 찾는 건 쉽지 않아. 그래서 곤충에 대한 정보가 필요하지. 곤충 도감과 백과사전을 보고 찾으려는 곤충이 어디에 살고 언제 나타나는지 특성을 알아봐야 해.

아무리 샅샅이 뒤져 봐도 곤충을 찾을 수 없다고? 그래도 걱정할 필요는 없어. 원래 곤충은 쉽게 발견할 수 있는 생물이 아니니까. 그래서 곤충을 탐구하려면 무엇보다 끈기가 필요해.

자, 다시 한번 눈을 동그랗게 뜨고 꼼꼼히 찾아봐. 천천히 걸으면서 땅에 무엇이 기어가는지, 풀이나 꽃에 어떤 곤충이 날아오는지 살피다 보면 곤충을 만날 수 있어. 오호! 찾았다고? 잘했어. 곤충 연구의 첫걸음은 관심이야.

작은 곤충을 만나기 위해서는 숲속의 작은 곤충 세상으로 들어가야 해. 눈높이를 낮추고 곤충의 움직임을 눈여겨 살펴야 곤충의 세상을 볼 수 있어. 곤충의 세상은 너무너무 작은 세상이거든.

### 곤충 탐사

곤충 탐사를 떠나려면 몇 가지 준비가 필요해. 우선 탐구할 곤충이 어떤 장소에 사는지 알아야 해. 산과 들, 냇가와 하천, 연못과 습지, 논밭과 바닷가, 도시나 공원 등 곤충마다 사는 곳이 달라.

보고 싶은 곤충이 활동하는 시기도 알아야 해. 곤충마다 출현하는 계절이 각각 다르거든. 가을에 나타나는 곤충을 봄에 나가 찾으려 한다면 절대 발견할 수 없어. 준비 없이 무턱대고 나갔다가는 곤충의 그림자도 못 찾을 거야.

떠나기 전에 준비할 일이 또 있어. 탐사 준비물이야. 빠짐없이 준비물을 챙겨야 곤충 연구에 도움이 되거든. 포충망, 관찰통, 핀셋, 가위, 삽, 비닐, 장갑 등의 채집 도구는 물론이고 돋보기(루페), 사진기, 필기구 같은 관찰 도구도 꼭 챙겨야 해. 아, 곤충 도감도 필요할 거야. 준비물을 챙겨 담을 가방도 있어야겠지? 곤충에 쏘이거나 물리지 않도록 긴바지, 긴소매 옷을 입고, 햇볕을 가릴 모자도 챙기고, 산으로 들로 자유롭게 다니려면 등산화나 운동화를 신는 게 좋아.

곤충 탐사 준비의 마지막은 마음가짐이야. 곤충의 세상을 탐구하려면 꾸준한 노력과 인내가 필요하거든. 곤충은 크기가 매우 작고 빠르게 날아다녀. 환경 변화에 따라 출현 시기와 활동이 달라지기 때문에 참고 기다려야 해.

곤충 탐사를 떠났지만 곤충이 보이지 않는다고? 곤충은 숨바꼭질 실력이 매우 뛰어나서 그래. 자세를 낮추고 곤충이 사는 곳을 꼼꼼히 살펴봐. 땅에 사는 곤충들은 낙엽이나 돌 밑에 잘 숨어 있으니까 쪼그리고 앉아서 찾아야 해. 때로는 배설물이나 썩은 물질, 식물의 뿌리에 붙어사는 경우도 많으니까 잘 살펴봐야 하지.

풀이나 나무의 잎사귀와 줄기, 꽃과 열매도 놓치면 안 돼. 식물을 좋아하는 곤충이 매우 많거든. 특히 꽃밭은 곤충들의 낙원이야. 꿀과 꽃가루를 먹으려는 곤충이 잔뜩 모여 살지. 나무껍질을 기어오르거나 나뭇진을 먹고 있는 곤충도 찾아봐. 나무의 열매나 떨어진 과일에도 곤충이 잘 모여들어. 벌채목이나 나무에 핀 버섯에서도 곤충을 볼 수 있지.

물에도 곤충이 살고 있어. 냇가나 하천, 연못이나 습지에서는 헤엄을 치거나 물풀에 붙어 있는 '수서 곤충'들을 찾을 수 있거든. 이처럼 곤충을 찾아볼 수 있는 장소는 매우 다양해. 그러니까 부지런히 찾아다니지 않으면 신비로운 곤충을 발견할 수 없어.

드디어 탐구할 곤충을 찾았다고? 이제부터 본격적인 곤충 탐구를 시작해야지. 곤충이 어떻게 생겼는지 무얼 먹고 어떻게 사는지 관찰해서 기록해야 해. 짝짓기는 어떻게 하고 알을 어디에 낳는지, 허물을 벗고 번데기가 된 후 날개를 달고 부화하는 과정은 어떻게 이루어지는지도 관찰 대상이지. 곤충의 형태, 행동, 생태, 습성은 모두 연구 대상이 되는 거야.

### 연구실에서의 곤충 연구

　　곤충을 관찰하는 것만으로 곤충의 모든 것을 알기는 어려워. 곤충을 24시간 따라다닐 수도 없고, 해가 저물면 관찰할 수도 없으니까 말이야. 알려지지 않은 여러 사실을 깊이 있게 연구하기 위해서는 채집해서 연구실로 가져와야 할 경우도 있지.

　물론 야외에서 모든 연구가 끝났다면 곤충을 일부러 잡아올 필요는 없어. 곤충을 연구실로 가져오는 동안 환경이 달라져 죽기 쉽거든. 연구에 꼭 필요한 만큼만 채집하고, 채집할 때는 곤충이 다치지 않도록 최대한 주의해야 하지.

　연구를 위해서 어쩔 수 없이 연구실로 가져온 곤충은 잘 보살펴야 해. 먹이도 잘 주고 원래 살았던 환경처럼 사육함도 마련해 주어야 하지. 자세한 연구를 위해서 가장 중요한 건 곤충이 죽지 않고 살아 있어야 하니까. 연구가 모두 끝나면 즉시 자연으로 돌려보내는 것도 잊지 마.

　자연에 사는 야생 곤충을 기르는 일은 누구나 할 수 있는 게 아니므로 곤충을 탐구해야 하는 연구가만 하는 게 좋지. 야생 곤충은 사육 곤충과 달리 기르기가 매우 까다롭거든. 그래서 곤충을 기르면서 관찰하려면 장수풍뎅이, 사슴벌레, 누에 같은 사육 곤충을 선택하는 게 좋아. 자연에 사는 곤충을 무작정 잡아와 기르다가 죽이는 경우가 너무 많으니까.

　곤충을 탐구하는 기본 자세는 자연을 보호하는 마음이야. 자연에 사는 곤충, 동물, 식물 등 다양한 생물을 아끼고 사랑하는 마음이 있어야

해. 연구 목적이 아니라면 자연에 사는 곤충을 죽이거나, 곤충이 살아가는 서식지를 파괴하고 훼손하는 일은 하지 말아야 해. 그래야 곤충을 사랑하는 진정한 곤충 탐구가가 되는 거야.

  드넓은 자연에 대한 호기심은 많은 곤충학자를 탄생시켰어. 자연 생태계에 가장 많은 종류와 수를 가진 신비로운 생명체가 곤충이거든. 곤충은 수많은 다른 동식물과 촘촘하게 관계를 맺고 살기에 더욱 중요한 존재야. 곤충의 다양성을 지키는 것은 생물 다양성을 지키는 첫걸음이기도 해. 곤충이 활기차게 살아갈 때 지구 생태계도 건강하게 지켜지고 인간도 행복할 수 있어. 그래서 우리는 작은 곤충 한 마리라 할지라도 소중히 여기고 조심해서 다뤄야 하는 거야.

## 곤충을 연구한 박물학자와 곤충학자들

### 생물을 처음 분류한 아리스토텔레스
**(Aristotle, BC 384~BC 322)**
고대 그리스의 철학자로 알려져 있지만 과학, 문학, 윤리학 등 아주 많은 학문을 연구했어. 생물학에도 관심이 높아서 생물을 일정한 형질을 기준으로 분류하려고 했어. 520여 종의 동물을 기록하고 분류 계급을 제시하기도 했지. 오늘날 생물을 구별하는 '분류학'의 기초를 든든히 만들었기 때문에 '생물학의 시조'라 불러.

칼 폰 린네

### 이명법을 확립한 칼 폰 린네
**(Carl von Linné, 1707~1778)**
의학과 식물학을 공부한 스웨덴의 박물학자야. 동식물을 '속명'과 '종명' 두 개의 명칭으로 명확하게 구별하는 '이명법'을 확립해서 '분류학의 시조'라 불리지. 이명법은 《식물의 종》에서 처음으로 주장했고, 그 후 《자연의 체계》 제10판에서 동물에게도 모두 사용되었어. 생물 분류 계급을 계, 문, 강, 목, 과, 속, 종으로 설정하고 4천 종 이상의 동물에 이름을 붙였지. 그중에서 약 2천 종이 곤충이었어.

### 비글호를 타고 학술 탐사를 떠난 찰스 다윈
**(Charles Darwin, 1809~1882)**

19세기 영국의 유명한 박물학자야. 비글호를 타고 6년여 동안 남태평양을 항해하며 동물과 식물을 조사하고 계통학적인 연구를 진행해 진화론의 기초를 확립했어. 《종의 기원》은 다윈의 진화론이 잘 담겨진 책으로, 환경에 잘 적응하고 경쟁에 이기는 생물종만이 살아남는다는 '자연 선택설'이 기초가 되었어.

찰스 다윈

### 곤충의 행동을 관찰하여 곤충기를 쓴 장 앙리 파브르
**(Jean-Henri Fabre, 1823~1915)**

프랑스의 유명한 곤충학자야. 교사로 일하면서도 공부를 계속했고, 어릴 때부터 좋아한 곤충도 연구했지. 파브르는 곤충의 행동을 관찰하는 실력이 매우 뛰어났어. 곤충과 식물, 그리고 동물을 두루 관찰해 1878년부터 1907년까지 10권에 이르는 《곤충기》를 완성했는데 이 책은 지금까지도 곤충학에 관심이 많은 사람들의 필독서야.

### 한국 곤충학의 아버지 조복성
**(1905~1971)**

한국 곤충학의 아버지 조복성
© Dreamflight

'한국 곤충학의 아버지'라 불리는 자연과학자로 '한국의 파브르'라고도 해.

평양에서 태어나 교사와 연구원으로 일했고 국립박물관장을 거쳐 성균관대학교와 고려대학교에서 학생들을 가르쳤어.

석주명, 도봉섭, 정태현 등과 함께 조선박물연구회를 조직해서 출간, 강연, 전람회, 탐사 여행을 했어. 조선어학회와 함께 토종 곤충에게 순우리말 이름을 찾아 주기 위해 노력하기도 했어.

스물다섯 살이던 1929년에는 한국인 최초로 곤충학 관련 논문인 〈울릉도산 인시목(麟翅目)〉을 《조선박물학회지》에 발표했고 동북 아시아 일대의 곤충을 연구하면서 〈한국산 하늘소과 갑충에 관한 분류학적 연구〉(1961) 등 80여 편의 논문을 발표했어.

1948년에는 우리나라 최고의 곤충기인《조복성 곤충기》를 출간했고 《한국동식물도감(나비류)》(1959), 딱정벌레류·메뚜기류·집게벌레류·잠자리류 등을 다룬《한국동식물도감 10(곤충편 Ⅱ)》(1969), 매미류와 파리류에 대해 다룬《한국동식물도감 12(곤충편 Ⅳ)》(1971) 등을 펴냈어. 1963년에는 곤충을 체계적으로 연구할 수 있도록 한국곤충연구소를 세우기도 했어.

3장

얼마나 다양한 곤충이 살고 있을까?
- 곤충의 종류와 생태

## 곤충은 어떤 생명체일까?

만약 우리 태양계 밖 외계에서 지구를 찾아온 외계인이 있다면 그들이 가장 먼저 발견한 생물은 무엇일까? 아마도 곤충일 거야. 외계인들이 시력이 엄청나게 좋아서 크기가 작은 생명체를 다 볼 수 있다면 지구상에서 가장 눈에 띄는 생명체는 곤충일 테니까 말이야.

모르긴 해도 외계인들은 곤충의 매력에 흠뻑 빠질 거야. 신비롭고 독특한 곤충들이 놀라워 감탄사를 내뱉을지도 모르지. 아마 지구에 사는 곤충을 처음 만난 외계인도 처음 탐사를 떠난 박물학자와 같은 마음이었을 거야. 곤충의 매력에 이끌려 고향으로 돌아가지 않고 지구의 자연에 꾹 눌러 살고 싶을 테니까.

그러나 지구에 살고 있는 사람들은 외계인과는 많이 다른 것 같아. 곤충을 하찮은 생명체라 생각하고 무시했거든. 꼬물거리는 작은 곤충

을 만나면 무섭다고 비명을 지르거나 가만히 있는 곤충을 무심히 밟아 버리기도 해. 아직도 사람들에게 곤충은 하나의 생물종으로 인정받지 못하고 있어.

그렇다면 외계인들은 왜 곤충의 매력에 끌릴까? 지구에 사는 무수한 생물 중 가장 다양하기 때문일 거야. 우리가 벌레라고 부르는 우리나라의 생물은 약 26,000종이나 돼. 그중에서 곤충은 약 18,000종이고 곤충을 제외한 무척추동물은 약 8,000종이야. 벌레라고 불리는 생물 중에서 약 70%가 곤충인 셈이야.

### 벌레가 아니고 곤충

우리는 곤충을 '곤충' 대신 '벌레'라고 부르는 경우가 꽤 많아. 그런데 사실 '벌레'는 생물의 무리를 일컫는 정확한 용어는 아니야. 자연 과학에서 생물의 무리를 구별할 때 쓰이지 않는 단어니까. 정확히 말하면 동물의 분류 체계나 무리와는 전혀 상관없는 용어야.

'벌레'는 곤충을 포함한 무척추동물을 뭉뚱그려 부를 때 쓰는 말이야. 옛날에는 개구리나 뱀처럼 작은 동물까지도 벌레라고 불렀지. 하지만 곤충의 세계를 탐험하는 우리는 벌레라고 두루뭉술하게 부르지 말고, 정확한 명칭으로 표현하기로 해. 벌레는 하찮고 귀찮고 소중하지 못한 해충이라는 의미를 가지고 있으니까.

곤충과 거미, 공벌레와 지렁이를 함께 이를 수 있는 단어는 '무척추동물'이야. 무척추동물은 등뼈가 없는 동물의 무리를 지칭하는 자연

절지동물인 공벌레 © Robert Webster

과학 용어거든. 무척추동물에는 절지동물(곤충, 거미 등), 환형동물(거머리, 지렁이 등), 연체동물(문어, 달팽이 등), 자포동물(말미잘, 해파리 등), 극피동물(해삼, 불가사리 등) 등의 다양한 동물이 포함되어 있어. 곤충은 무척추동물 중에서 종류와 개체 수가 가장 많은 절지동물에 속하는 생물이야.

 절지동물은 곤충류, 거미류, 갑각류, 다지류의 생물을 말해. 관절이 있는 다리를 갖고 있으며 몸이 마디마디로 되어 있는 것이 절지동물의 가장 큰 특징이지. 지구상에서 가장 번성한 동물 무리를 손꼽으라고 하면 당연히 절지동물일 거야. 지구 생태계에서 가장 종류가 많은 곤충류가 절지동물에 속하니까.

 정리하면, 곤충은 절지동물에 속하는 무척추동물이야. 지금부터라도 주변에서 곤충을 만나면 '곤충'이라고 불러 주면 좋겠어. 제 이름을 불러 주는 것이 지구에서 함께 살고 있는 생물과 좋은 친구가 될 수 있는 첫걸음이지.

## 곤충의
## 눈, 코, 입

곤충은 어떤 생김새를 갖고 있을까? 가장 큰 특징은 다리가 여섯 개라는 거야. 하지만 곤충은 다리 외에도 여러 가지 형태적 특징이 있어. 곤충의 몸에는 다리만 있는 게 아니거든. 자세히 관찰해 보면 곤충의 다른 특징도 찾아낼 수 있을 거야.

 곤충은 몸이 머리, 가슴, 배의 세 부분으로 이루어져 있어. 머리에는 중요한 역할을 하는 눈과 더듬이, 그리고 입이 있어. 가슴에는 활발하게 움직일 수 있는 다리와 날개가 달려 있지. 배에는 소화계, 순환계, 호흡계, 배설계, 생식계 등의 중요한 기관이 모두 들어 있어.

 소화계는 먹은 음식물을 소화시키고, 호흡계는 숨을 쉬는 데 관여해. 순환계는 몸속에서 혈액이 돌게 하고, 배설계는 소화한 음식물의 찌꺼기를 내보내지. 번식을 위해 생식을 담당하는 생식계도 있어. 모

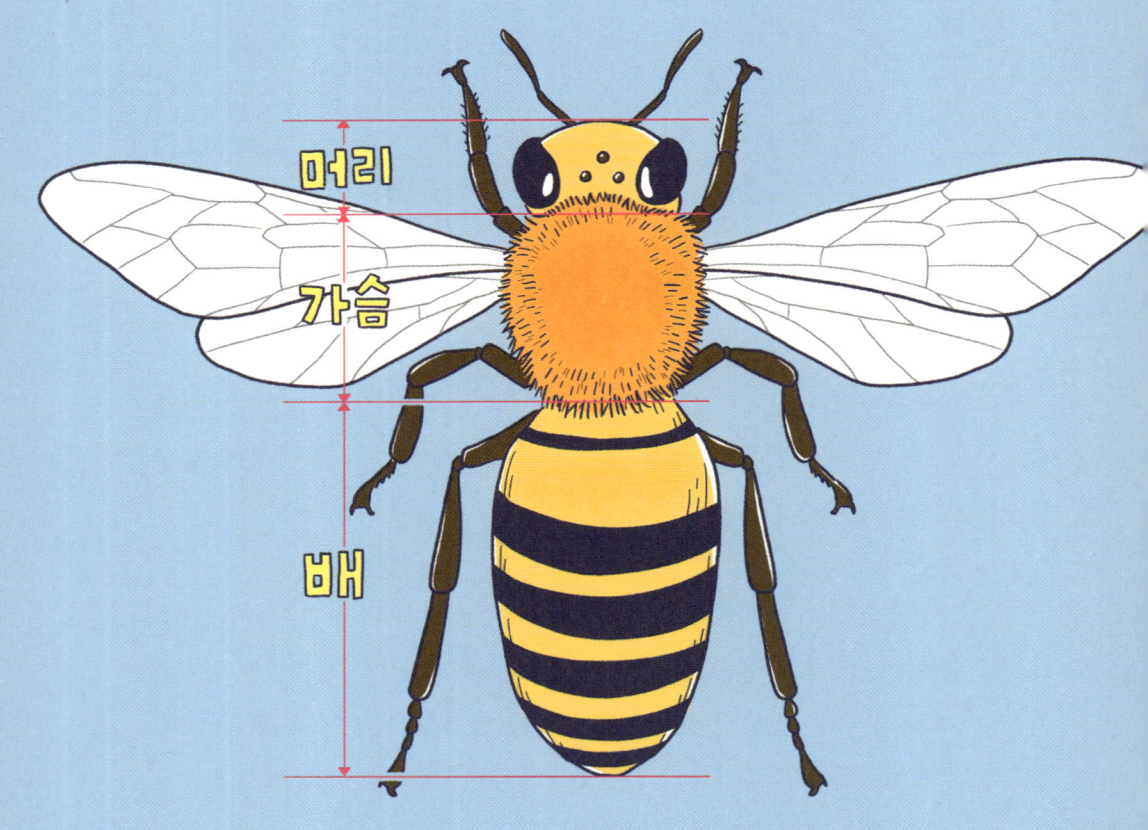

두 곤충의 생명을 지키고 이어 가는 데 매우 중요한 기관들이야.

## 사물을 구별하는 눈

다른 동물과 마찬가지로 곤충에게도 머리가 가장 중요해. 머리에는 모든 판단을 결정하는 뇌와 중추 신경계가 있고, 감각 기관으로 매우 중요한 눈, 더듬이, 입이 달려 있어. 눈이 없으면 사물을 볼 수 없고, 코의 역할을 하는 더듬이가 없다면 냄새도 맡지 못해. 입이 없다면 아무것도 먹을 수 없어 살아갈 수 없지.

곤충의 눈은 겹눈과 홑눈이라는 특별한 구조로 되어 있어. 수백 개에서 수만 개의 낱눈이 모여서 이루어진 것이 겹눈이야. 겹눈에는 시세포가 들어 있어서 사물을 볼 수 있지. 만약 곤충이 겹눈을 다친다면 아무것도 볼 수 없어.

그렇다면 홑눈은 어떨까? 홑눈을 갖고 있는 곤충도 많지만 모든 곤충이 홑눈을 갖고 있지는 않아. 홑눈은 어떤 역할을 할까? 홑눈이 잘 발달된 잠자리와 매미를 보면 홑눈이 어떤 기능을 하는지 알 수 있을 거야.

잠자리와 매미는 빛의 변화를 빨리 감지하는 게 매우 중요해. 잠자리가 무더운 한낮을 피해 아침과 저녁에 활동할 수 있는 것은 홑눈 덕분이야. 그리고 짝을 향해 매미가 맴맴 울 시간을 정할 수 있는 것도 모두 홑눈으로 빛을 알아채기 때문이야. 잠자리와 매미가 사냥과 짝짓기를 하며 생활할 수 있는 것은 겹눈을 도와주는 홑눈 덕분인 거지.

그러나 겹눈만으로 충분한 곤충도 있어. 홑눈이 퇴화되었다 해서 이름이 붙여진 장님노린재야. 빛의 변화를 감지할 필요가 없는 곤충은 겹눈만 남기고 홑눈을 퇴화시켰거든. 곤충이 작은 몸으로도 끈질기게 살아남은 데에는 다른 생물에게는 없는 겹눈과 홑눈 같은 특별한 눈도 한몫했을 거야.

### 곤충의 코는 더듬이

유심히 곤충을 관찰하다 보면 불룩 튀어나온 코가 없다는 것 때문에 종종 웃음이 나기도 해. 사람을 포함한 동물은 보통 얼굴의 중앙에 코를 갖고 있지만 곤충은 어디에서도 코를 찾을 수 없거든. 그렇다면 곤충은 냄새를 맡는 코가 정말 없는 걸까?

곤충도 코가 있기는 해. 다만 동물처럼 불룩 나온 코가 아니라 특별한 형태로 발달되어 있지. 곤충의 머리에서 제일 먼저 눈에 띄는 것은 더듬이야. 이 더듬이가 바로 곤충의 코야. 곤충의 더듬이가 쉴 새 없이 움직이는 건 다 이유가 있어. 곤충은 더듬이로 냄새를 맡거든.

곤충이 입이나 다리로 더듬이를 열심히 청소하는 걸 본 적이 있을 거야. 냄새를 잘 맡고 소리를 잘 들으려면 더듬이를 깨끗하게 관리해야 하거든. 더듬이는 냄새를 맡기도 하고, 어떤 곤충들은 더듬이로 소리까지 들을 수 있어.

곤충마다 더듬이 모양은 무척 다양해. 곤충의 무리에 따라 곤봉 모양, 실 모양, 톱니 모양, 빗살 모양, 양빗살 모양, 야구 장갑 모양 등 제

살짝수염홍반디 ⓒ 한영식

각각이지. 그래서 더듬이를 꼼꼼히 살펴보면 어떤 무리에 속하는 곤충인지 추측할 수 있어. 곤봉 모양이면 나비, 톱니 모양이면 방아벌레, 실 모양이면 먼지벌레, 삼지창 모양이면 풍뎅이야. 어떤 곤충인지 궁금하면 제일 먼저 더듬이를 관찰해 보렴.

### 곤충의 입

곤충의 머리에는 목숨처럼 소중한 입이 달려 있어. 곤충도 먹어야 살아갈 수 있는 생명체니까. 먹이를 먹기 좋게 입의 구조가 발달했는데, 곤충마다 먹이가 달라서 입 모양도 달라.

꿀벌과 나비는 꿀을 빨아 먹기에 알맞은 주둥이를 가졌어. 꿀벌은 뾰족한 빨대 모양 주둥이로 꿀을 쪽쪽 빨아 먹고, 나비는 스프링처럼 돌

돌 말린 주둥이를 뻗어서 꽃 속의 꿀을 빨아 먹지. 잎벌레와 메뚜기는 잎사귀를 오물오물 갉아 먹기에 알맞은 입을 갖고 있어. 유충이나 성충 모두 풀잎이나 나뭇잎을 갉아 먹으며 사니까.

타고난 비행사 잠자리는 소쿠리 모양의 다리로 먹잇감을 낚아채서 사냥해. 곤충계의 치타 길앞잡이는 재빠른 걸음으로 달려가 순식간에 사냥하지. 풀숲의 최고 포식자 사마귀도 날카로운 앞다리로 먹잇감을 낚아채. 육식성 곤충도 각기 사냥하는 방법이 달라. 그러나 먹잇감을 먹기 위해서는 하나같이 튼튼한 입이 필요해. 잘 씹어 먹는 튼튼한 입을 가진 게 육식성 곤충의 특징이야. 사냥을 아무리 잘한다 해도 먹지 못하면 아무 소용 없으니까.

굵은 앞다리로 단번에 물고기를 붙잡는 물장군은 흡혈귀처럼 체액을 빨아 먹어. 날카로운 주둥이를 가진 침노린재와 쐐기노린재도 먹잇감을 찔러 체액을 빨아 먹지. 소금쟁이도 물에 떨어진 곤충이나 죽은 물고기에서 체액을 빨아 먹어. 이처럼 사냥감의 체액을 빨아 먹는 육식성 곤충은 모두 빨대 모양의 기다란 주둥이를 갖고 있어.

나무에 사는 사슴벌레와 장수풍뎅이는 나뭇진을 잘 핥아 먹어. 덩치가 큰 것과 달리 먹이를 먹는 모습은 너무 귀엽지. 윙윙 파리는 배설물과 시체에 모여들어 핥아 먹고, 꽃등에는 꽃밭에 핀 예쁜 꽃에 모여 꽃가루를 핥아 먹지. 먹이를 핥아 먹는 곤충은 뭉툭한 주둥이를 가졌어.

모기나 등에는 따끔하게 찌르는 입을 갖고 있어. 동물이나 사람의 피를 빨아 먹어야 번식할 수 있거든. 그런데 정확하게 말하면 우리가 빨대로 음료수를 마시는 것처럼 피를 빨아 먹는 건 아니야. 뾰족한 주둥이를 꽂고 있으면 저절로 피가 모기와 등에의 몸속으로 들어오거든.

　곤충의 머리에 달려 있는 눈, 더듬이, 입은 곤충이 살아가는 데 매우 중요해. 눈으로 먹잇감을 찾고, 더듬이로는 주위의 냄새를 맡으며, 입으로는 오물오물 잘 씹어 먹어야 하거든. 에너지를 얻어야 목숨을 유지하고 번식하며 살아갈 수 있기 때문에 곤충의 머리는 너무너무 중요한 거야.

## 가슴에 달린 다리와 날개

곤충에게 가슴이 없다면 매우 고통스러울 거야. 살아 있지만 죽은 거나 다름없거든. 가슴에 달린 다리와 날개가 없다면 곤충은 전혀 움직일 수 없어. 몸을 움직일 수 없다면 아무리 좋은 먹잇감을 발견할 수 있는 눈과 잘 먹을 수 있는 입이 있어도 소용없지.

곤충의 다리와 날개는 가슴 위아래에 달려 있어. 가슴 아래쪽 배면에는 세 쌍의 다리가 달려 있고 위쪽 등면에는 보통 두 쌍의 날개가 달려 있지. 다리는 매우 민첩하게 움직여서 먹잇감을 붙잡거나 천적으로부터 재빨리 도망칠 때 꼭 필요해. 훨훨 날 수 있는 날개는 멀리 떨어진 곳에 먹잇감을 구하러 가거나 새로운 서식처를 찾아 떠날 때 매우 중요하지.

만약 곤충이 지렁이나 달팽이처럼 다리와 날개가 없었다면 먹잇감을 구하러 이동하기도 불편하고 발견한 먹잇감을 나르기도 어려워 금방 굶주려 죽었을 거야. 강인한 천적을 따돌리며 재빨리 도망치기도 어려웠겠지. 날개와 다리는 곤충이 번성하며 살아가는 데 매우 중요한 것이었어.

## 활력 있게 이동하는 다리와 날개

곤충은 종류마다 다리의 형태가 다르게 발달했어. 곤충마다 생활하는 방식이 다르니까. 꿀을 빨기 위해 물체를 잘 붙잡아야 하는 나비는 붙잡는 다리가 발달했어. 땅에서 생활하는 딱정벌레나 개미는 땅을 잘 기어가도록 다리가 발달했지. 땅강아지는 땅을 잘 팔 수 있도록 다리가 잘 발달되어 땅속에서 식물의 뿌리를 먹을 수 있어.

풀밭에 사는 메뚜기와 귀뚜라미는 점프하는 다리가 발달했고, 먹잇감을 잘 포획해야 하는 물장군, 장구애비, 사마귀는 굵게 발달한 날카로운 다리를 갖고 있어. 나무에 사는 장수풍뎅이, 사슴벌레는 나무에서 미끄러지지 않도록 발끝에 발톱이 잘 발달되어 있지. 물방개는 오리의 물갈퀴처럼 털이 많은 다리가 있어 헤엄치기에 좋아.

날개가 잘 발달된 건 곤충의 특별한 특징이야. 거미, 공벌레, 지네는 절지동물이지만 모두 날개가 없어. 절지동물 중에서 날개가 발달된 건 오로지 곤충뿐이거든.

곤충은 대부분 두 쌍의 날개를 갖고 있어. 자유롭게 비행하며 먹잇감을 구할 수 있어서 다른 동물보다 살아가기에 유리하지. 곤충 중에는 날개 한 쌍이 퇴화된 파리, 모기, 꽃등에, 파리매, 등에 같은 파리류의 곤충들이 있어. 그렇지만 날개가 한 쌍이라고 날지 못하는 건 아니야. 오히려 비행 실력은 더 뛰어나기도 해.

파리류 곤충의 뒷날개는 퇴화되어 아주 작게 붙어 있는데 이 작은 뒷날개가 비행할 때 균형을 맞추는 역할을 해 주기 때문에 두 쌍의 날개를 갖고 있는 곤충보다 오히려 비행 능력이 더 뛰어난 거야.

날개 한 쌍이 퇴화한 꽃등에 ⓒ 한영식

날개가 퇴화된 곤충은 또 있어. 땅에서만 생활하는 딱정벌레야. 날아다닐 필요가 없었던 딱정벌레는 뒷날개를 퇴화시켰지. 그리고 땅에서 기어 다니며 생활하는 데 필요한 다리를 더 튼튼하게 발달시켰어. 이렇게 곤충은 자신에게 필요한 쪽으로 발전을 집중했지. 날개의 퇴화는 퇴보가 아니라 필요에 따른 진화였어.

## 다리의 수

풀잎 사이로 느릿느릿 달팽이가 여유 있게 기어 다니는 걸 본 적 있지? 비 온 다음 날이면 땅속의 지렁이도 땅 위로 올라와 기

어 다니지. 그렇다면 달팽이와 지렁이는 곤충일까? 등뼈가 없는 무척추동물은 맞지만 곤충은 아니야. 한눈에 봐도 다리가 없으니까.

땅 위를 발발대며 기어가는 공벌레가 돌멩이에 걸려서 데구루루 구르고 있어. 사냥감을 노리는 늑대거미와 깡충거미가 재빨리 달려갔지. 다리가 많은 지네와 노래기는 땅 위를 기어 다니기에 바빠. 공벌레와 거미, 지네와 노래기도 무척추동물은 맞지만 곤충은 아니야. 다리 숫자가 다르거든.

다리가 없어도, 너무 많아도 곤충이 아니야. 곤충류는 다리가 딱 여섯 개 달린 절지동물이니까. 지구에 사는 생명체 중 여섯 개의 다리를 갖고 있는 건 곤충뿐이야. 그러니 다리가 없는 지렁이와 달팽이는 절대 곤충이 아니지. 또 다리가 열네 개 달린 공벌레, 다리가 여덟 개 달린 거미도 곤충이 아니야. 서른 개가 넘는 다리를 갖고 있는 지네와 노래기도 마찬가지고.

주변에서 발견한 무척추동물이 곤충인지 확인하려면 다리 숫자를 세어 보면 돼. 다리가 여섯 개면 곤충, 아니라면 다른 동물. 곤충을 구별하는 건 정말 쉽지.

### 동물을 구별할 수 있는 다리

동물이 어떤 무리에 속하는지 구별할 때 다리는 가장 중요한 기준이 돼. 동물마다 다리의 수가 다르니까. 지구에 살고 있는 생물 중 가장 몸집이 큰 척추동물은 다리가 몇 개일까? 척추동물 대부분이 네 개의 다리를 갖고 있어. 호랑이, 늑대, 멧돼지, 고라니 같은 포유류는 물론이고 개구리와 도롱뇽 같은 양서류, 도마뱀과 거북, 그리고 악어가 속하는 파충류도 마찬가지야.

물론 척추동물 중에도 다리가 퇴화된 뱀이 있기는 해. 지금은 바닥에 배를 대고 기어 다니지만 퇴화 전에는 뱀도 다리가 네 개였어. 그렇다면 하늘을 날아다니는 새는 어떨까? 새의 다리는 두 개이지만, 새의 날개는 앞다리 두 개가 변한 것이지. 인류도 두 발로 서서 걷기 시작하면서 앞다리가 팔이 된 것처럼 말이야.

척추동물과 달리 무척추동물은 다리의 숫자가 무리에 따라 많이 달라. 곤충은 척추동물보다 다리를 두 개 더 갖고 있어. 장수풍뎅이, 사슴벌레, 하늘소, 나비, 벌, 파리, 노린재, 메뚜기, 잠자리, 사마귀 등 곤충의 생김새는 모두 제각각이지. 그러나 모두 다리가 여섯 개라는 공통점을 갖고 있어.

곤충보다 다리를 두 개 더 가진 건 무엇일까? 곤충과 비슷해서 혼동하기 쉬운 거미류야. 거미, 전갈, 진드기, 응애가 속하는 거미류는 생김새가 곤충과 많이 비슷하지. 하지만 아주 쉽게 구별할 수 있어. 곤충인지 아닌지 헷갈리면 다리 숫자를 세어 보는 거야. 다리가 여덟 개라면 모두 거미류거든.

거미류보다도 다리가 더 많은 건 갑각류야. 가재와 꽃게는 다리가 열 개, 공벌레와 쥐며느리는 다리가 열네 개 달렸거든. 지네, 노래기, 그리마가 속하는 다지류는 다리가 더 많아. 최소 서른 개 이상이나 되니까.

동물을 구별할 때는 가장 먼저 다리의 숫자를 세어 보면 확실해. 다리의 숫자는 어떤 동물의 무리에 속하는지 알려 주는 중요한 특징이거든.

# 곤충의 생김새와
# 서식지에 따른 분류

곤충은 사는 곳이 매우 다양해. 산과 들, 냇물이나 하천, 연못이나 습지, 논밭이나 바닷가, 공원이나 놀이터 등에서도 살고 있으니까. 또 활동하는 장소도 다양해. 땅 위, 땅속, 물에 사는 곤충이 있는가 하면 식물의 잎, 꽃, 줄기에 사는 동물이 있는 것처럼 곤충마다 좋아하는 장소도 달라. 낮에 활동하는 주행성 곤충도 있고, 밤에 활동하는 야행성 곤충도 있어. 곤충은 좋아하는 장소와 시간이 모두 다르기 때문에 곤충을 관찰하려면 자연 곳곳에서 다양한 시간에 살펴보아야 해.

## 곤충의 형태적 분류

곤충을 구별하려면 서로 다른 점을 살펴보는 것이 우선이야. 공통점이 많겠지만 자세히 살펴보면 차이점을 발견할 수 있어. 가장 대표적인 차이점은 날개야. 대부분의 곤충이 두 쌍의 날개를 갖고 있지만 날개의 형태는 조금씩 달라. 그래서 날개를 잘 살펴보면 어떤 무리에 속하는 곤충인지 쉽게 구분할 수 있지.

곤충 중 가장 종류가 많은 딱정벌레 무리는 날개 두 쌍 중에서 앞날개 한 쌍이 단단하게 발달한 것이 특징이야. 그래서 딱정벌레 무리의 곤충을 '갑충'이라고 부르지. 장수풍뎅이, 사슴벌레, 하늘소, 무당벌레, 잎벌레 등은 모두 단단한 딱지날개를 가졌어.

나비와 나방이 속하는 나비 무리는 두 쌍의 날개가 비늘가루로 덮여 있는 게 특징이야. 만약 곤충의 날개를 만졌는데 비늘가루 물질이 묻었다면 나비 무리의 곤충을 발견한 거야.

꿀벌, 말벌, 개미가 속하는 벌 무리는 얇고 투명한 두 쌍의 막질로 된 날개를 갖고 있어서 비행 능력이 뛰어나. 때로는 일개미처럼 날개가 퇴화된 경우도 있지만 여왕개미와 수개미는 두 쌍의 날개를 갖고 있어.

파리, 꽃등에, 모기, 등에, 파리매가 속하는 파리 무리는 한 쌍의 날개가 퇴화되어 날개가 한 쌍만 있는 게 특징이야. 노린재 무리는 한 쌍의 앞날개 위쪽은 단단하고, 아래쪽은 막질로 되어 있어. 딱정벌레 무리의 날개가 전체적으로 단단한 것과 다른 점이지.

메뚜기와 여치가 속하는 메뚜기 무리는 날개가 직선으로 곧게 뻗어 있는 게 특징이야. 잠자리와 실잠자리가 속하는 잠자리 무리는 날개가 막질로 되어 있으며 넓적하게 펼쳐져 있어. 이처럼 날개 하나의 형태

단단한 딱지날개를 가진 장수풍뎅이 ⓒ 한영식

만 관찰해도 어떤 무리에 속하는지 쉽게 구별해 낼 수 있지.

### 곤충의 서식지별 분류

곤충마다 땅, 잎, 꽃, 나무, 물 등 좋아하는 서식처가 서로 달라. 그래서 어디에서 발견되었는지 알면 어떤 곤충인지 추측할 수 있지. 곤충이 좋아하는 서식처는 먹이를 구하기 쉽고, 천적으로부터 숨기 쉬우며 짝짓기해서 번식하기 좋은 장소야.

땅속이나 길 위에는 땅에서 생활하는 다양한 곤충이 살고 있어. 길앞잡이, 먼지벌레, 땅노린재, 집게벌레, 메뚜기 등은 땅속에 알을 낳아서 번식하거나 땅속에 있는 뿌리나 썩은 물질을 먹고 살지.

풀잎이나 나뭇잎에도 여러 곤충이 살고 있어. 잎벌레, 거위벌레, 노린재, 메뚜기, 여치 등은 풀잎이나 나뭇잎에서 잎사귀를 갉아 먹거나

식물의 즙을 빨아 먹고 살아. 때로는 잎사귀에 모여서 즙을 빨아 먹는 진딧물을 잡아먹는 무당벌레도 쉽게 발견할 수 있어.

꽃밭에는 나비, 꿀벌, 꽃등에, 꽃하늘소, 꽃무지 등의 다양한 곤충들이 모여 있어. 꽃에 모이는 곤충은 꿀과 꽃가루를 모으거나 먹기 위해 바쁘게 꽃들을 찾아 돌아다니지. 산과 들에 있는 꽃밭은 수많은 곤충의 낙원이야.

나무에는 장수풍뎅이, 사슴벌레, 하늘소, 매미, 말벌, 개미, 흰개미 등이 모여서 살아. 이들에게 나무는 달콤하고 영양 성분이 가득한 나뭇진이 흐르고, 집을 짓고 살기 좋은 서식처야.

냇가나 하천, 습지나 연못에도 여러 곤충이 살고 있어. 냇가에는 하루살이, 강도래, 날도래처럼 맑은 물에 사는 물속 곤충들이 살아. 논이나 연못에는 물방개, 물자라, 소금쟁이, 잠자리 애벌레처럼 고인 물에 사는 다양한 물속 곤충을 만날 수 있지.

곤충은 밤에 활동하는 야행성도 많아. 밤나방, 자나방, 불나방, 명나방 등의 수많은 나방과 사슴벌레, 하늘소, 반딧불이 등은 모두 야행성 곤충이야. 밤에만 만날 수 있기 때문에 곤충을 만나려면 낮과 밤 가리지 않고 탐사를 해야 해.

드넓은 자연에는 다양한 곤충이 여러 서식처에 적응하며 살고 있어. 땅강아지는 땅속을 잘 팔 수 있도록 앞다리가 발달했고. 물방개는 뒷다리의 털이 많아 오리발처럼 헤엄을 잘 칠 수 있지. 나비와 꿀벌은 꽃에 있는 꿀을 잘 빨기 위해 주둥이가 길쭉하고, 사슴벌레와 장수풍뎅이는 나무를 잘 기어오르며 살 수 있도록 발톱이 발달했어. 밤에 활동하는 반딧불이는 빛을 잘 모아서 밤에 날아다니기 위해 겹눈이 크게 발달했지.

　각기 다른 서식처에서 곤충이 번성할 수 있었던 것은 몸 구조의 적응력이 뛰어났기 때문이야. 곤충은 완벽한 적응력으로 다양한 모습으로 번성했고, 곤충이 다양한 덕에 곤충과 관계를 맺고 사는 동식물 또한 다양하게 번성할 수 있었던 거야.

## 완전탈바꿈 곤충과 불완전탈바꿈 곤충

곤충은 '완전탈바꿈 곤충'과 '불완전탈바꿈 곤충'으로 구분할 수 있어. 완전탈바꿈 곤충은 알→유충→번데기→성충 네 단계를 거치며 어른이 돼. 불완전탈바꿈 곤충은 알→유충→성충 세 단계를 거치며 어른이 되지.

### 완전탈바꿈 곤충

불완전탈바꿈을 하는 곤충보다 완전탈바꿈을 하는 곤충 종류가 훨씬 많아. 딱정벌레, 나비, 벌, 파리처럼 종류가 많은 곤충이 모두 완전탈바꿈을 하거든.

딱정벌레 무리는 곤충 중 가장 종류가 많아. 우리나라에 4,600여 종이 살고 있지. 장수풍뎅이, 사슴벌레, 하늘소, 무당벌레, 잎벌레, 반딧불이 등은 모두 딱정벌레 무리의 곤충이야.

나비 무리는 두 번째로 종이 다양해. 호랑나비, 흰나비, 네발나비 같은 나비류와 밤나방, 자나방, 불나방, 산누에나방 등의 나방이 여기에 속해. 우리나라에 4,100여 종이 살고 있어.

벌 무리는 우리나라에 3,900여 종이 살고 있어. 꿀과 꽃가루를 모으는 꿀벌과 꽃벌, 사냥하는 말벌, 잎을 갉아 먹는 잎벌, 맵시벌과 고치벌 같은 기생벌, 개미도 모두 벌 무리야.

파리 무리는 우리나라에 2,300여 종이 있어. 금파리, 쉬파리,

똥파리, 꽃등에, 모기, 각다귀 등은 이름은 각기 다르지만 모두 파리 무리의 곤충이지. 이처럼 딱정벌레, 나비, 벌, 파리 무리는 곤충 중에서 가장 종류가 다양하게 번성한 대표 곤충이라고 보면 돼.

완전탈바꿈 곤충은 어떻게 지구상에서 번성하게 된 걸까? 불완전탈바꿈 곤충과 달리 번데기 시기가 있다는 장점 때문이야. 완전탈바꿈 곤충인 장수풍뎅이를 보면 번데기 시기 전후인 유충과 성충의 모습이 전혀 다른 걸 알 수 있어. 유충은 꼬물꼬물 애벌레지만 성충은 우람한 뿔이 달렸거든.

장수풍뎅이 유충과 성충은 생김새만 차이가 나는 게 아니야. 먹이도 달라. 유충은 부엽토를 먹지만 성충은 나뭇진을 먹어. 호랑나비도 마찬가지야. 유충은 산초나무나 초피나무의 잎사귀를 먹지만 성충이 되면 꿀을 빨아 먹지.

완전탈바꿈 곤충은 유충과 성충이 서로 먹이 경쟁을 하지 않기 때문에 생존에 매우 유리해. 덕분에 완전탈바꿈 곤충이 지구상에서 가장 번성한 무리가 된 거야.

성충과 모습이 아주 다른 호랑나비 애벌레 ⓒ 한영식

### 불완전탈바꿈 곤충

불완전탈바꿈을 하는 곤충은 유충이 성충과 비슷하게 닮았다는 특징이 있어. 노린재, 메뚜기, 잠자리 등의 곤충은 모두 유충이 성충과 닮아서 귀여운 새끼처럼 보이거든.

　불완전탈바꿈을 하는 곤충 무리 중 종류가 가장 많은 건 노린재야. 우리나라에 2,200여 종이 살고 있어. 노린재, 광대노린재, 뿔노린재, 침노린재, 매미, 꽃매미, 매미충도 모두 노린재 무리에 속해.

　메뚜기 무리는 우리나라에 180여 종이 살고 있어. 메뚜기, 여치, 베짱이, 귀뚜라미, 꼽등이, 땅강아지처럼 이름은 각기 달라도 뒷다리가 길어서 점프를 잘하는 이 풀벌레들은 모두 메뚜기 무리야.

　잠자리 무리는 우리나라에 130여 종이 살고 있어. 재빨리 사냥감을 포획해서 잡아먹는 육식성 곤충이지. 어린 유충 시기에는 물속에서 물속 곤충과 작은 물고기를 잘 잡아먹고 어른이 되면 날렵하게 날아다니며 사냥해.

　풀숲의 포식자인 사마귀, 꽁무니에 집게가 달린 집게벌레, 대나무를 닮은 대벌레, 분해자 역할을 하는 바퀴와 흰개미, 냇가에 사는 강도래와 하루살이도 모두 불완전탈바꿈을 하는 곤충이야.

　불완전탈바꿈 곤충은 완전탈바꿈 곤충과 달리 번데기 시기가 없어. 알에서 부화되면 유충이 되고, 유충은 허물을 벗고 자라서 바로 성충이 되거든. 그래서 유충과 성충의 생김새도 매우 닮았어. 노린재나 메뚜기를 보면 어릴 때와 어른이 되었을 때 생김새가 매우 닮았다는 걸 알 수 있을 거야.

　그런데 바로 이 점이 문제이기도 해. 생김새도 닮았지만 먹이도 똑같으니까. 만약 환경이 악화되어 먹이를 구하기 힘들어지면 어떻게 될까? 어린 유충과 다 자란 성충 모두 먹이가 부족해지기 때문에 경쟁에 밀린 개체는 굶어 죽게 돼.

이처럼 불완전탈바꿈 곤충은 유충과 성충이 서로 먹이 경쟁을 해야 하다 보니 먹이가 부족해지고 환경 변화에 적응하지 못하면 죽고 말아. 그러나 완전탈바꿈 곤충인 장수풍뎅이는 나뭇진이 줄어들면 성충은 살기 힘들지만 토양의 부엽토를 먹는 유충은 끄떡없어. 유충이 생존하면 곧 어른이 되니까 멸종되지 않고 살아남기에 유리해.

전 세계 곤충의 약 80%가 완전탈바꿈 곤충인 것도 그 때문이야. 생존력이 뛰어난 곤충만이 살아남고 지구상에서 번성할 수 있는 거지.

4장

# 생태계에서 곤충은 어떤 역할을 할까?
### - 곤충과 생태계

## 곤충의 희생은
## 생명의 시작

지구에 살고 있는 다양한 생물은 누구도 혼자 살 수는 없어. 모든 생물이 서로 관계를 맺으며 함께 살아가는 것이 바로 지구의 생태계니까.

생물을 둘러싸고 있는 환경도 매우 중요해. 생물은 환경의 영향을 받으며 살아가고 있거든. 토양, 공기, 수분 등이 적절하게 유지될 때 생물도 건강하게 살 수 있지. 모든 생물은 환경의 영향을 받으며 살기 때문에 환경 보존은 생물에게 목숨과도 같은 의미야.

### 함께 더불어 사는 생물

지구에는 나무와 풀 같은 식물은 말할 것도 없고 동물과 곤충같이 움직이는 생물도 매우 많아. 여기에 버섯과 곰팡이 같은 균류, 세균과 원생생물처럼 눈에 보이지 않는 작은 생명체도 함께 살아 가고 있어.

지구의 생물은 모두 맡은 역할이 있어. 하는 일에 따라 생산자, 소비자, 분해자로 구분할 수 있지. 인간의 사회도 구성원이 각각의 역할을 제대로 할 때 건강한 사회를 만들 수 있는 것처럼 자연에 사는 생물도 각자의 역할에 최선을 다할 때 지구 생태계는 건강하게 유지될 수 있어.

나무와 풀 같은 식물은 스스로 양분을 만드는 '생산자'의 역할을 해. 광합성이라는 특별한 과정을 통해 녹말과 포도당을 스스로 만들어 내거든. 빛 에너지를 이용해 이산화탄소와 물 같은 무기물을 포도당과 같은 유기물로 합성하는 놀라운 화학 반응이 식물의 몸속에서 일어나지. 식물은 생물의 에너지원이 되는 유기물을 만들어 내는 지구의 거대한 곡식 창고인 셈이야.

동물은 식물이 만든 포도당과 같은 유기물을 섭취해야 살 수 있어. 동물은 스스로 포도당을 만들 수 없거든. 동물은 나무와 풀이 열심히 만들어 낸 영양물질을 에너지원으로 섭취하며 사는 '소비자'야. 메뚜기나 여치 같은 곤충, 토끼와 양 같은 초식 동물은 녹색식물을 오물오물 뜯어 먹어 영양을 얻어. 이

함께 살아가는 자연

처럼 생산자를 직접 먹고 사는 초식 동물을 '1차 소비자'라고 부르지.

녹색식물을 직접 먹지 않고, 녹색식물을 먹고 사는 초식 동물을 잡아먹는 육식 동물도 있어. 1차 소비자인 토끼를 잡아먹는 뱀은 '2차 소비자'가 되는 거야. 2차 소비자인 뱀을 잡아먹는 매는 '3차 소비자'가 되지. 이처럼 생태계는 생산자와 여러 소비자들이 먹고 먹히는 '먹이 사슬'로 연결되어 있어.

여러 종류의 동물이 모두 잘 먹고 살 수 있는 건 녹색식물 덕분이야. 스스로 양분을 만드는 건 식물만 할 수 있는 능력이니까. 나무와 풀이 건강하게 자라면 수많은 동물은 건강하게 먹이를 먹으며 살 수 있어.

'분해자' 역할을 하는 생물도 매우 중요해. 동물의 사체와 배설물, 죽은 나무나 낙엽이 썩어서 분해되지 않으면 곳곳에 사체와 배설물이 넘쳐 날 테니까.

송장벌레, 파리, 바퀴, 지렁이, 흰개미, 세균, 곰팡이 같은 수많은 분해자 생물이 활발하게 활동해야 죽은 생물이 자연으로 돌아갈 수 있어. 만약 죽은 동식물이 분해되지 않으면 어떻게 될까? 나무와 풀이 뿌리에서 흡수할 풍족한 양분이 없어서 살기 힘들 거야. 뿌리를 통해 양분을 빨아들여서 살아가는 게 식물이니까.

생산자 식물에게 영양분을 제공해 주는 건 분해자 생물이야. 나무에서 떨어진 낙엽을 분해해 나무 아래의 흙을 영양물질이 풍부한 부엽토로 만드는 건 모두 분해자거든. 분해자 없이는 생산자가 살 수 없게 되고, 생산자가 살 수 없으면 소비자도 살 수 없지. 생태계의 모든 생물이 각각의 역할을 잘 담당할 때 지구 생태계는 제대로 굴러갈 수 있는 거야.

## 지구 생태계의 연결 코드

아무리 편리한 전자 제품도 전기 코드를 꽂지 않으면 작동하지 않아. 전기 코드를 꽂으면 길고 긴 전선을 통해 전기를 만든 발전소까지 연결될 수 있지. 지구 생태계도 마찬가지야. 식물과 동물, 동물과 동물을 서로 연결해 주는 생명체가 필요해.

지구 생태계의 코드는 바로 지구에 가장 많이 살고 있는 곤충이야. 곤충은 생산자와 소비자, 소비자와 분해자, 분해자와 생산자를 연결해 주거든. 먹이사슬로 수많은 생물을 연결해 주는 곤충은 지구 생태계의 연결 코드라고 할 만해.

곤충은 식물을 먹는 1차 소비자이고, 2차 소비자 동물의 먹이가 되며, 동식물의 사체를 먹는 분해자이기도 해.

풀과 제비를 생각해 보면 둘 사이에 아무런 상관이 없어 보이지만, 그렇지 않아. 제비는 풀을 먹고 사는 메뚜기를 먹으니까. 이처럼 곤충은 상관이 없어 보이는 동물을 연결하는 먹이사슬의 일부야. 풀을 갉아 먹는 메뚜기가 있어서 메뚜기를 잡아먹는 제비도 살 수 있거든. 생산자인 풀과 2차 소비자인 제비는 1차 소비자인 메뚜기가 있어서 먹이사슬로 연결돼.

곤충은 동물과 동물도 연결해. 식물을 먹고 사는 초식성 곤충은 전체 곤충의 약 35%이고, 나머지 약 65%는 육식성 곤충이거나 동식물

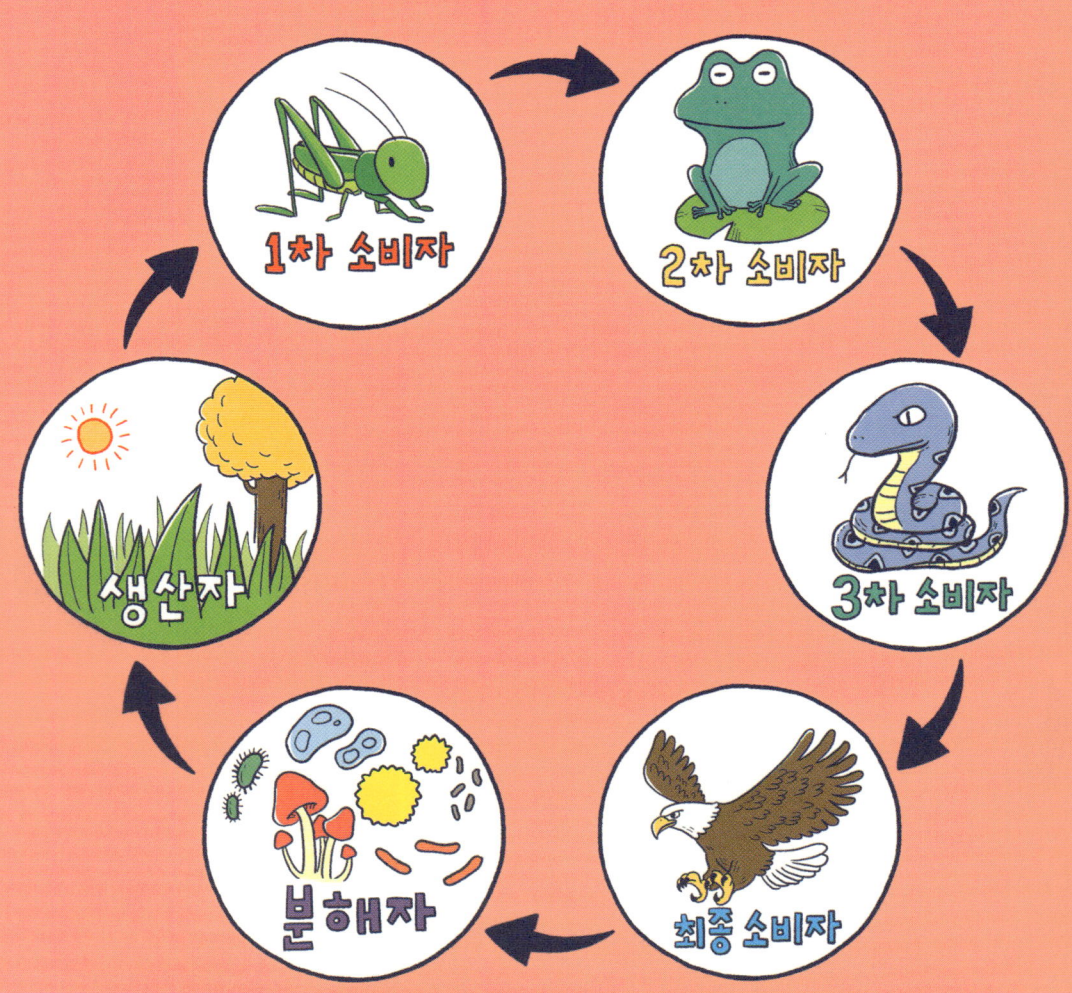

의 사체를 먹는 부식성 곤충이야.

　잠자리와 파리매 같은 육식성 곤충은 주로 식물을 먹고 사는 초식성 곤충을 잡아먹는 2차 소비자야. 소똥구리나 파리 같은 부식성 곤충은 동식물 사체나 배설물에 잘 모여들어. 파리는 사체에 알을 낳고, 여기에서 나온 파리 애벌레인 구더기가 사체를 먹어 분해하지. 이처럼 곤충은 생산자와 소비자, 소비자와 소비자, 분해자와 생산자를 연결시켜 주는 생태계의 연결 코드야. 지금까지 주목받지 못했지만 알고 보면 쾌적한 지구 환경을 만드는 데 일등공신인 거지.

　녹색식물이 만들어 낸 영양물질은 먹이사슬을 따라 계속 순환해. 생산자를 거쳐 소비자, 분해자로 이어지지. 이렇게 물질의 순환이 잘 일어나면 지구 생태계는 건강하게 유지될 수 있어.

## 공생을 추구하는 곤충

함께 사는 건 언제나 아름다운 일이야. 곤충은 태어날 때부터 함께 사는 법을 배운 것 같아. 다양한 생물을 찾아다니며 부지런히 먹이사슬로 연결해 주니까.

꽃밭에 아름답게 핀 꽃과도, 숲에 사는 덩치 큰 동물과도 관계를 맺고 있어. 곤충은 자연 속에서 여러 생물과 함께 살아가지.

### 꽃과 곤충

곤충과 사람은 무척 다른 생물이지만, 공통점도 있어. 예쁜 꽃들이 한들한들 피어 있는 꽃밭은 사람들도 좋아하지만 곤충도 좋아하거든. 곤충도 꽃이 예뻐서 좋아하는 걸까? 꽃에는 왜 곤충이 모여드는 걸까? 바로 달콤한 꿀과 꽃가루를 얻을 수 있기 때문이야.

꽃에 모여드는 곤충의 이름에는 '꽃' 자가 붙은 경우가 많아. 꽃하늘소, 꽃바구미, 꽃무지, 꽃벼룩, 꽃벌은 모두 꽃을 좋아한다고 해서 붙여진 이름이거든.

꽃에 잘 모이는 곤충 중에 가장 익숙한 곤충은 벌과 나비야. 특히 꿀벌은 꽃밭에서 가장 쉽게 만날 수 있지. 꽃밭을 찾은 꿀벌은 꿀과 꽃가루를 모으는 일을 해. 뾰족한 주둥이로 꿀을 쪽쪽 빨아서 몸속의 꿀주머니에 꿀을 모으고, 몸에 나 있는 털에 꽃가루를 묻혀서 뒷다리에 불룩하게 모으지. 꿀벌에게 꼭 필요한 식량인 꿀과 꽃가루를 꽃에서 얻는 셈이야. 그렇다면 꿀벌은 꽃에게 어떤 보답을 할까?

꿀벌은 식물이 만든 꽃가루를 멀리까지 운반해 줘. 식물은 꽃가루로 자손을 만들고 퍼뜨리는데, 땅에 뿌리를 내리고 살기 때문에 스스로 움직일 수 없어. 꽃가루를 다른 꽃으로 옮기려면 바람이나 다른 곤충의 힘을 빌려야 하지. 꿀벌이 꿀을 빨 때 꿀벌의 털에 꽃가루가 묻으면 다른 꽃에 옮겨 앉을 때 자연스럽게 이동시킬 수 있어. 꿀벌은 이 꽃 저 꽃 계속 찾아다니며 꿀과 꽃가루를 모으니까.

식물이 곤충에게 꿀과 꽃가루를 내주는 것 같지만, 예쁜 꽃을 피우고 달콤한 꿀과 꽃가루를 만드는 건 꿀벌 같은 곤충을 유인하기 위한 거야. 번식을 위해 내가 만든 꽃가루를 옮겨 줄 꿀벌이 필요하니까. 꽃가루가 다른 꽃으로 이동하지 못하면 열매를 맺을 수 없고 그러면 새로운 자손을 만들지 못하고 생명이 끝나거든.

식물이 만든 수술의 꽃가루가 암술머리에 옮겨 붙는 일을 '수분', 또

는 '꽃가루받이'라고 해. 수분이 되어야 수정이 되어 열매를 맺을 수 있어. 우리가 흔히 먹는 사과, 수박 같은 과일과 오이, 가지 같은 채소도 모두 수분과 수정을 거쳐 열매를 맺은 거야.

식물은 스스로 움직일 수 없기 때문에 꽃을 좋아하는 꿀벌에게 꽃가루 전달을 맡긴 거지. 이렇게 꽃과 꿀벌은 서로 도움을 주고받으며 살고 있어.

### 곤충과 곤충

곤충과 곤충 사이에도 함께 사는 모습은 흔하게 찾아볼 수 있어. 개미는 늘 진딧물 주변을 서성거리며 돌아다녀. 감로(甘露)라고 불리는 진딧물의 달콤한 배설물을 먹기 위해서지. 풀 즙을 쭉쭉 빨아 먹는 진딧물의 몸속에는 단물이 가득하거든.

그런데 종종 문제가 생겨. 진딧물을 공격하는 무당벌레가 나타날 때지. 동글동글 무당벌레는 생김새는 마냥 귀여워 보이지만, 진딧물을 잡아먹는 육식성 곤충이야. 하루에도 진딧물 200마리 이상을 잡아먹을 정도로 엄청난 포식자거든.

개미는 무당벌레가 진딧물을 공격하는 걸 그냥 보고만 있지 않아. 진딧물이 죽으면 달콤한 먹이를 구할 수 없거든. 진딧물 근처에 무당벌레가 나타나면 개미도 매우 바빠져. 진딧물을 보호하기 위해 무당벌레를 막으러 나가야 하니까.

하지만 덩치가 훨씬 큰 무당벌레를 막는 게 쉬운 일은 아니야. 대신

개미와 무당벌레

개미는 여러 마리가 무리 지어 사니까, 무당벌레와 싸울 때도 힘을 합칠 수 있어. 개미가 몸집은 작아도 여러 마리가 함께 달려들면 무당벌레도 도망갈 수밖에 없지.

개미는 이렇게 진딧물을 지켜 내고 달콤한 감로도 얻을 수 있어. 진딧물은 달콤한 단물을 개미에게 주는 대신 든든한 경호원을 얻은 것과 같아. 이처럼 진딧물과 개미는 서로서로 도움을 주고받으며 공생하는 거야.

부전나비 애벌레도 진딧물과 비슷한 이유로 개미의 도움을 받아. 개미들이 우글거리는 개미집에서 개미의 보호를 받으며 안전하게 지내지. 부전나비 애벌레의 피부에서 나오는 분비물과 꽁무니의 배설물을 개미가 좋아하거든. 개미는 부전나비 애벌레의 배설물을 핥아 먹는 대신, 부전나비 애벌레를 집에서 쫓아내지 않고 함께 사는 거야.

### 생태계의 평화를 지키는 곤충

곤충은 서로 먹고 먹히는 먹이사슬 관계를 유지시켜 주는 존재야. 곤충이 있어서 생물과 생물 사이가 더 촘촘하게 연결돼. 곤충과 다양한 동식물은 톱니바퀴처럼 잘 맞물려 돌아가고 있어.

만약 톱니바퀴 어딘가에 문제가 발생한다면 생태계의 균형은 무너지고 말 거야. 다행히 지구촌 생물은 저마다 적당한 수를 유지하며 살고 있어. 한 종류가 너무 많아져도 안 되고 너무 줄어들어도 문제가 생기거든. 적당하게 번식하면서 균형을 맞춰 서로 관계를 맺고 살아갈 때 지구촌 모든 생물이 평화로울 수 있지.

## 포식성 곤충과 기생성 곤충

육식성 곤충에는 크게 '포식성 곤충'과 '기생성 곤충'이 있어. 풀숲의 포식자 사마귀와 창공의 무법자 잠자리, 비행 능력이 탁월한 파리매와 맹독성 침을 가진 말벌은 모두 포식성 곤충이야. 포식성 곤충은 주로 초식성 곤충을 잡아먹어.

기생성 곤충은 다른 곤충이나 동물의 몸에 기생하는 거야. 맵시벌이나 고치벌 같은 기생벌은 날카로운 산란관을 다른 곤충의 알, 유충, 번데기에 찔러서 알을 낳아. 알에서 부화된 기생벌 유충은 숙주가 된 곤충을 먹으며 성장하지. 결국 숙주가 된 곤충은 죽고 그곳에는 기생벌이 남게 돼.

기생파리도 마찬가지야. 기생벌처럼 뾰족한 산란관은 없지만 숙주의 몸에 알을 붙여서 낳지. 부화된 기생파리 유충은 숙주를 먹으며 자라 어른이 돼. 결국 이때도 숙주가 되는 곤충은 죽고 기생파리만 태어나는 거지.

꽃매미를 사냥하는 육식성 곤충 밀잠자리
ⓒ 한영식

다른 곤충을 잡아먹거나 다른 곤충에 기생해 결국 숙주를 해치는 것이 아주 잔인해 보일지도 몰라. 하지만 육식성 곤충이 잔인하고 얄미워도 역할이 있어.

녹색식물을 먹고 사는 초식성 곤충의 수가 많아지기만 하는 건 불행한 일이거든. 초식성 곤충만 늘면 식물은 남아나지 않게 될 테니까. 식물이 살지 못하면 나중에는 초식성 곤충의 먹이도 없게 되겠지. 그래서 개체 수를 조절해 주는 육식성 곤충이 필요해.

포식성 곤충과 기생성 곤충은 초식성 곤충의 숫자가 너무 많이 늘어나지 않도록 막아 줘. 만약 사마귀, 잠자리, 파리매, 말벌이 초식성 곤충을 잡아먹지 않는다면 어떤 일이 벌어질까? 나방, 메뚜기, 여치, 꽃매미 등의 초식성 곤충의 수가 많아져서 식물은 큰 피해를 볼 거야.

갑자기 늘어난 초식성 곤충이 식물을 다 먹어 치우면, 식물을 먹고 사는 초식 동물의 먹이도 줄겠지. 먹이가 줄어서 초식 동물의 수가 줄어든다면 초식 동물을 먹는 육식 동물에게까지 피해가 이어지지. 먹이 사슬을 타고 생태계 전체가 위험해질 거야.

하지만 다행히 그런 일은 잘 일어나지 않아. 육식성 곤충이 초식성 곤충을 잡아먹는 것처럼 먹이사슬이 이어져 생태계는 균형을 이루고 있으니까.

그래도 잊지 마. 지구의 모든 생물은 서로 연결되어 있고, 어느 한쪽이 무너지면 모두가 위험해질 수도 있다는 것을.

풀잎을 먹는 초식성 곤충 검정오이잎벌레
ⓒ 한영식

# 곤충의 천적과 방어법

**곤충의 천적**

힘이 약한 곤충은 천적을 피하느라 항상 바빠. 빨리 도망쳐야 목숨을 지킬 수 있다는 걸 본능적으로 알거든. 목숨은 모든 생명체에게 소중하니까.

작은 곤충에게 위협적인 존재는 동물이야. 조류, 양서류, 파충류, 포유류 등 곤충을 잡아먹는 동물은 아주 많아. 산새들은 숲속을 날아다니며 곤충을 잡아먹어. 그래서 숲에 새가 많다는 건 곤충도 많다는 거야. 양서류에 속하는 두꺼비와 개구리, 파충류에 속하는 도마뱀과 카멜레온, 뱀도 모두 곤충을 잘 잡아먹는 천적이야.

곤충의 천적 동물 카멜레온

곤충의 천적 식물 파리지옥 ⓒ 한영식

곤충이 곤충의 천적이 되는 경우도 많아. 길앞잡이, 딱정벌레, 개미귀신, 파리매, 침노린재, 물방개, 물장군, 물자라는 모두 곤충을 잡아먹는 사냥꾼이거든. 개미와 애벌레를 잡아먹는 길앞잡이, 지렁이와 달팽이를 좋아하지만 진딧물도 좋아하는 딱정벌레, 날렵하게 사냥하는 파리매와 뾰족한 주둥이로 체액을 빨아 먹는 침노린재, 곤충은 물론이고 물고기와 올챙이까지 잡아먹는 물장군과 물자라도 모두 곤충을 잡아먹는 육식성 곤충이지.

　　때로는 식물도 곤충의 천적이 될 수 있어. 파리지옥, 끈끈이주걱, 통발, 벌레잡이통풀은 곤충을 유인해서 잡아먹어. 벌레잡이 식물들은 질소가 부족한 척박한 환경에서 많이 자라는데, 곤충을 잡아 먹어서 부족한 질소 영양분을 보충하는 거야.

## 곤충의 방어법

곤충이 천적을 만나면 늘 당하기만 하는 것은 아니야. 곤충은 천적의 공격에 대처할 수 있는 특별한 방어 능력을 가지고 있어.

우선 재빨리 날아갈 수 있는 날개와 빠르게 달릴 수 있는 튼튼한 다리를 가지고 있어서 천적이 공격하면 날거나 달려서 재빨리 도망칠 수 있어. 잘 발달된 날개와 다리는 곤충이 살아남을 수 있는 큰 힘이지.

어떤 곤충은 다른 동물의 모습을 흉내 내서 위기를 피하기도 해. 꽃등에는 자신보다 힘이 더 센 벌의 모습을 흉내 낼 수 있어. 꽃등에의 천적인 파리매, 잠자리, 꽃게거미 등도 침이 있는 벌은 까다롭게 생각하거든. 꽃등에는 벌인 것처럼 위장해서 천적을 깜빡 속이면서 살아남곤 하지.

또 천적이 거들떠보지 않는 사물로 완벽하게 위장하는 경우도 있어. 가지나방 애벌레와 대벌레는 나뭇가지, 새똥하늘소와 호랑나비 유충은 위험에 처하면 새똥으로 모습을 바꾸지. 새들은 나뭇가지에 깜빡 속고 새똥 모양은 거들떠보지도 않으니 자신을 보호할 수 있는 거야.

꽃이나 풀잎에서 스스로 떨어지는 곤충도 있어. 꽃벼룩과 방아벌레는 천적이 나타나면 다이빙이라도 하듯 식물에서 뛰어내려서 몸을 숨겨. 몸집이 작고 가벼우니까 수풀에 떨어지면서 목숨을 구할 수 있지. 천적도 무성한 수풀에 떨어진 작은 곤충을 찾아내서 잡아먹기는 힘들거든.

천적을 향해 자기를 잡아먹지 말라고 경고하는 곤충도 있어. 무당벌레(붉은색)와 말벌(노란색)은 강렬한 색을 가져서 천적 새들에게 경고해. 무당벌레나 말벌을 먹고 독에 혼쭐이 난 적이 있는 새들은 경고색을 미리 알아보고 얼씬도 하지 않아. 그 덕분에 무당벌레와 말벌은 목숨을 지킬 수 있는 거야.

이외에 죽은 척하는 곤충도 있어. 어떤 동물은 죽은 곤충을 먹지 않으니까 죽은 척하는 건 위기를 벗어나는 매우 좋은 방법이야. 그래서 바구미, 거위벌레, 잎벌레, 방아벌레 등은 천적이 나타나면 죽은 척 연기를 한단다.

나뭇가지처럼 위장한 대벌레 ⓒ 한영식

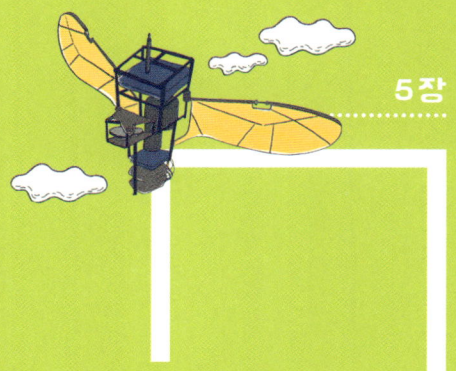

## 5장

# 곤충은 얼마나 중요한 자원일까?
### – 곤충과 미래 산업

## 경제적 가치가 뛰어난 곤충

곤충에게도 약점은 있어. 사람이나 다른 척추동물에 비해 수명이 짧은 거야. 하지만 곤충은 짧은 수명을 번식력으로 극복했어. 알을 많이 낳아서 자손을 번식하면 오래오래 살아남을 수 있으니까.

곤충은 약간의 환경 변화도 재빨리 감지해서 적응할 수 있는 장점도 가졌어. 이런 적응력과 번식력으로 지구상의 생물 중에 가장 다양하게 번성할 수 있었지.

이렇게 종 다양성이 풍부한 곤충은 최근 여러 가지 면에서 주목받고 있어. 가지각색의 곤충 특성을 연구하면 사람들에게 매우 쓸모 있는 자원이 될 수 있거든. 앞으로는 곤충이 생물 자원으로서의 역할을 톡톡히 하는 시대가 될 거야.

## 미래 식량의 대안 곤충

인간이 살아가는 데 가장 필요한 것은 무엇일까? 우선 에너지가 있어야 해. 인간도 살아서 움직이는 생명체니까. 에너지를 만들기 위해서 가장 중요한 건 식량이야. 오래전부터 인류는 식량 생산을 늘리기 위해서 노력해 왔어.

가축과 곡물 생산량이 증가하고는 있지만 인구가 증가하는 속도에는 한참 모자라. 아직까지는 지구의 인구가 다 먹고 살기에는 부족하거든. 그런데 그 해결책을 곤충에게서 찾을 수 있어. 곤충을 식량 자원으로 활용하는 방법이야.

사실 아주 새로운 방법은 아니지. 인류는 오래전부터 곤충을 식량으로 이용해 왔어. 이미 전 세계 사람들은 약 2,000종 이상의 다양한 곤충을 먹고 살거든. 지금도 곤충 요리가 만들어지고 식용 곤충 연구가 진행되고 있어.

곤충은 영양이 아주 풍부한 식량 자원이야. 풍부한 단백질과 건강에 좋은 불포화 지방산, 각종 비타민과 효소까지 들어 있는 일등 식품이지. 그러나 사람들은 익숙한 맛을 더 좋아해. 비만의 원인이 되고 심혈관 질환을 일으켜도 돼지고기나 소고기를 포기하지 못하지.

고기 대신 곤충을 먹으면 성인병을 많이 줄일 수 있어. 포화 지방산이 들어 있지 않아 심혈관 질환에 덜 걸리거든. 우리가 즐겨 먹는 육류 대신 곤충으로 동물성 단백질을 섭취한다면 인류는 더 건강해질 수 있을 거야.

곤충을 식량으로 활용해야 하는 또 다른 이유도 있어. 환경을 보호하

식용 곤충 밀웜 ⓒ penqo

기 위해서야. 인구 증가로 가축 사육이 늘어나면서 기후 변화가 더욱 심각해졌거든. 소와 양 같은 가축이 뀌는 방귀에는 기후 변화의 주범인 메탄가스가 잔뜩 들어 있어.

그러나 곤충은 메탄가스를 거의 발생시키지 않아. 지구 환경을 지킬 수 있는 친환경 식량인 셈이지. 또 좁은 공간에서도 대량으로 기를 수 있기 때문에 경제성까지 갖추고 있지. 식용 곤충은 영양가가 훌륭한 식품이며 환경 보존에도 도움이 되는 가치 있는 먹거리라고 할 수 있어.

최근 들어 유엔 세계식량농업기구(FAO)에서는 인류의 식량 부족을 해결하기 위한 방법으로 곤충을 활용하자고 주장하고 있어. 식용 곤충은 미래의 중요한 먹거리로 점점 더 주목받게 될 거야.

### 수분 곤충과 천적 곤충

농사를 지을 때도 곤충은 매우 중요하고 꼭 필요한 존재야. 꽃가루받이(수분)를 해 주는 수분 곤충과 해충을 잡아먹는 천적 곤충은 농산물 재배에 큰 도움이 되거든. 꽃가루받이가 되어야 농작물에 주렁주렁 열매가 맺힐 수 있는데 곤충이 이 일을 대신 해 주지.

또 천적 곤충이 해충을 잡아먹는다면 농약을 뿌리지 않고도 좋은 작물을 수확할 수 있지.

꿀벌은 하루에도 2km 이상을 날아다니며 꽃가루를 옮겨. 채소와 과수 농가에서는 가위벌과 뒤영벌이 꽃가루를 잘 옮기지. 벌들이 꿀과 꽃가루를 얻으려고 꽃과 꽃 사이를 날아다니면서 몸에 붙은 꽃가루를 이리저리 옮기면 꽃가루받이가 되고, 열매를 맺을 수 있는 거야. 곤충이 접근하기 힘든 비닐하우스 같은 곳에서는 농부가 붓을 들고 직접 꽃가루를 옮겨 주어야 해. 벌은 따끔한 침을 쏘기도 해서 두렵기도 하지만 농부들에게는 꽃가루받이를 도와주는 아주 훌륭한 동료지.

천적 곤충은 최근 크게 주목받고 있어. 농약을 덜 쓴 친환경 농산물을 찾는 사람들이 늘어나고 있거든. 살충제를 뿌려서 수확한 농산물에는 벌레가 없을지 몰라도 우리의 건강에는 좋지 않아. 그래서 최근에는 친환경 농산물을 재배하기 위해 천적 곤충을 적극적으로 활용하고 있어.

맛있는 식물을 먹으러 온 초식성 곤충을 살충제로 죽이는 대신 천적 곤충을 이용해 개체 수를 조절하는 거야. 살충제나 제초제는 곤충만 죽이는 게 아니라 흙에 남았다가 빗물에 쓸려 하천까지 오염시키거든. 천적 곤충을 활용하는 농사는 농약을 덜 쓸 수 있어서 건강도 지키고 지구 생태계도 보호하는 좋은 방법이야.

## 약용 곤충과
## 신약 개발의 희망

인류는 오래전부터 건강에 도움을 주는 곤충을 약으로 써 왔어. 통증을 가라앉히거나 상처를 빨리 아물게 하는 등의 효능이 있는 물질을 가진 곤충이 있거든. 이런 물질을 이용해서 약을 만들기도 하고, 이런 물질을 만들어 내는 곤충을 연구하기도 해. 곤충이 가진 특별한 물질은 의약품뿐만 아니라 식품이나 화장품에도 이용되지.

아직 곤충 연구는 갈 길이 멀어. 곤충에 대해 우리가 알고 있는 사실이 적다는 거지. 하지만 낙담할 필요는 없어. 말하자면 곤충을 연구하면 연구할수록 특별하고 새로운 물질을 찾을 수 있을 거라 기대해도 된다는 뜻이야. 곤충은 생물 다양성이 풍부하니까 앞으로 연구할 거리가 많다는 뜻이기도 하고.

특히 우리나라에 사는 곤충을 연구하는 것이 중요해. 다른 곳도 아

닌 우리나라에 살고 있는 곤충을 연구하는 것은 우리만이 가진 경쟁력이 될 수 있거든.

## 약효가 뛰어난 약용 곤충

사람의 건강에 도움이 되는 곤충은 옛날부터 귀한 대접을 받았어. 약효가 뛰어난 곤충은 귀한 약재이기도 하니까. 허준이 지은 《동의보감》을 보면 95종의 약용 곤충이 소개되어 있어.

한의학에서 활용하는 곤충은 종류가 매우 다양해. 누에, 메뚜기, 물방개, 진딧물, 매미 허물, 사마귀, 꿀벌, 등에, 땅강아지, 말벌집, 하늘소, 가뢰 등이 모두 이용되거든.

땅강아지는 인삼을 잘 갉아 먹는 곤충으로 유명해. 그래서 옛날 사람들은 인삼밭에서 땅강아지를 잡아 말린 후 갈아 먹었지. 그랬더니 인삼을 먹은 것과 똑같은 효과가 나타났어. 땅강아지가 몸속에 인삼 성분을 품고 있었던 거야. 인삼은 약효가 뛰어난 약이지만, 체질에 맞지 않아 먹지 못하는 사람들도 있어. 인삼밭 땅강아지는 이런 사람들에게 인삼과 같은 효과를 줄 수 있었지.

굼벵이도 약용 곤충으로 유명해. 오래된 초가지붕에 사는 굼벵이(흰점박이꽃무지유충)를 가마솥에 넣고 푹 삶아서 뽀얀 국물을 우려내 먹으면 간에 효험이 있거든. 생김새는 좀 징그럽지만 건강에는 매우 유익한 곤충이야.

건강에 이로운 약용 곤충은 지금도 한의학에 활용되고 있어. 예나

지금이나 건강에 좋은 음식은 늘 주목받거든. 우리 주변에 보이는 곤충에게 관심을 가져 봐. 효능이 뛰어난 신비의 성분을 갖고 있을지도 모르니까.

| 한의학에서 사용되는 민간 의약용 곤충 | | |
|---|---|---|
| 한방명 | 대상 곤충 | 관련 종 |
| 책맹 | 메뚜기 | 벼메뚜기 |
| 잠아, 잠사 | 누에나방 | 누에나방 |
| 용슬 | 물방개 | 애물방개, 검정물방개 |
| 오배자 | 진딧물 | 오배자면충 |
| 선퇴 | 매미 허물 | 털매미, 유지매미, 애매미 |
| 상표소 | 사마귀 | 왕사마귀 |
| 봉밀 | 꿀벌 | 꿀벌 |
| 맹충 | 등에 | 소등에, 집파리, 검정파리 |
| 누고 | 땅강아지 | 땅강아지 |
| 노봉방 | 말벌집 | 말벌, 꿀벌 |
| 천우충 | 하늘소 | 알락하늘소, 뽕나무하늘소 |
| 지담 | 가뢰 | 남가뢰, 먹가뢰 |

한의학에서 약으로 사용되는 사마귀의 알집 상표소
© 한영식

## 신약 개발의 희망이 된 곤충

곤충은 신약 개발의 희망이야. 지금도 다양한 곤충이 제약 회사의 연구실에서 연구되고 있어. 특히 생명과학자들이 열심히 곤충을 연구해 왔고 그 결과 약효 물질을 가진 곤충이 많이 발견되었어. 말벌류에 속하는 쌍살벌은 혈액을 빨리 굳게 만들고, 심장을 튼튼하게 하고, 혈압을 내리고, 이뇨 효과가 뛰어나지. 누에의 배설물은 관절염과 중풍, 가려움증 치료에 효과가 있어. 곤충의 사체에 기생하는 동충하초는 빈혈과 천식, 식욕부진에 효과가 있단다.

신약 개발을 위한 유전자 연구에 공헌한 곤충도 있어. 바로 초파리야. 대부분의 사람들은 초파리의 가치를 잘 몰라. 과일에 날아드는 초파리가 비위생적이라고 무조건 싫어하니까. 하지만 초파리는 우리의 질병 치료에 도움을 주는 소중한 곤충이야. 사람과 초파리는 거의 닮은 점이 없어 보이지만 질병을 일으키는 유전자는 무척 닮았거든. 암,

알츠하이머, 파킨슨병, 척수성 근위축증, 심장 질환, 당뇨병, 노화 등의 난치성 질환 유전자를 초파리도 갖고 있단다.

그러니까 초파리를 잘 연구하면 질병을 치료할 신약을 개발할 수 있어. 초파리에게 통하는 약은 인간에게도 통할 수 있거든. 먼저 초파리에게 실험해 효과가 있다면 동물 실험으로 넘어갈 수 있고 동물 실험도 통과하면 사람을 대상으로 임상 실험이 이루어지고, 치료약이 완성되지. 그러니 초파리로부터 신약 개발의 첫 단추가 끼워지는 거야.

초파리를 연구한 미국의 유전학자 토머스 헌트 모건은 1933년 노벨 생리의학상을 수상했어. 초파리를 통한 동물 유전자 실험이 인류에게 큰 도움을 주었다는 걸 인정한 거야. 주변에서 쉽게 만날 수 있는 초파리가 이렇게 중요한 곤충인 줄 몰랐지?

## 자원이 되는 곤충

대멸종과 빙하기를 모두 견뎌 내며 고생대부터 살아온 곤충의 몸을 연구하면 끈질긴 생명력의 비밀을 밝힐 수 있을지도 몰라. 그 비밀에 다가가기 위해, 또 인류의 생활을 더 안전하게 하기 위해 많은 과학자들이 지금도 곤충을 연구 중이야.

살충제나 독성 물질에 잘 견디는 바퀴는 항생 물질을 연구하는 데 쓸모가 있어. 생존 능력이 탁월한 바퀴는 일본 히로시마에 원자폭탄이 떨어졌을 때도 끄떡없이 살아남았지. 방사능에도 인간보다 500배 이상 강하기 때문에 웬만해서는 죽지 않아. 이처럼 강한 생존 능력을 가진 바퀴를 연구하면 인간이 지금보다 강해질 수 있는 방법도 찾을 수 있을 거야.

소나 말의 똥을 굴리는 소똥구리 알지? 이집트에서는 아침마다 소똥구리가 똥을 굴리는 모습을 보고 이집트 신화의 최고신인 태양신 '라'가 태양을 움직이는 모습을 떠올렸어. 그래서 소똥구리를 라의 분신이라고 여기고 그 형상을 부적이나 반지, 묘비 등에 새기기도 했지. 소똥구리는 자기 몸무게의 50배가 넘는 똥을 뭉쳐 운반할 수 있는 놀라운 곤충이야. 그 똥에 알을 낳는데, 알에서 부화한 애벌레는 똥을 먹으며 자라지. 그런데 소똥구리 유충에서 고기능 항균 물질이 발견되었어. 이 물질을 연구해 의료계뿐 아니라 여러 산업 분야에서 항균제를 개발하고 있어.

흰개미와 털두꺼비하늘소 유충은 단단한 목질을 거침없이 잘 소화시켜. 장 속에 고효율 효소를 가진 미생물이 들어 있거든. 흰개미와 털두꺼비하늘소 유충의 장내 미생물을 이용하면 동물 사료의 소화 흡수율을 높일 수 있지. 그렇게 되면 곡물 사료를 재배하기 위한 비용을 줄일 수 있을 거야. 사료 재배 면적이 줄어든다면 환경 보호에도 도움이 될 테고.

이처럼 과학자들은 곤충이 지닌 물질과 유전자 구조를 가능성이 높은 자원으로 생각하고 연구 중이야. 지구에서 가장 오래 산 생물인 만큼 지구와 인류의 미래도 곤충에게서 찾으려는 것이지.

## 곤충의 탁월한 능력과
## 특별한 몸

곤충은 또 훌륭한 모델이기도 해. 작은 몸으로 살아가는 곤충의 뛰어난 신체 능력과 특징이 자동차 산업이나 비행기 연구에도 활용되고 있거든. 곤충의 탁월한 능력을 주목한 과학자들은 어떻게 하면 곤충처럼 만들 수 있을까 고민했어.

　곤충이 땅에서 달리는 능력은 어떤 자동차보다 빨라. 곤충의 튼튼한 다리가 움직이는 모습을 연구하면 매우 빨리 달리는 로봇을 개발할 수 있지. 또 곤충은 크기에 비해 하늘을 날아다니는 능력도 매우 뛰어나기 때문에 수많은 비행기의 모델이 되고 있어.

　독창적인 아이디어를 얻으려면 곤충을 꼼꼼히 살펴야 해. 곤충마다 독특한 생김새를 갖고 있거든. 모양, 색깔, 무늬가 다양한 곤충을 보는 것만으로도 번뜩이는 아이디어를 얻을 수 있을 거야.

## 생체 모방 과학의 모델 곤충

곤충은 생체 모방 과학의 훌륭한 모델이야. 곤충의 독특한 행동이나 적응력을 연구하면 혁신적인 신기술을 만들어 낼 수 있어. 특히 공학 분야의 가장 좋은 모델이야.

드론의 모델은 꿀벌이야. 활주로 없이 바로 하늘 위로 떠오르는 비행 방식을 연구해서 탄생되었으니까. '드론비(drone bee)'라고 불리는 드론은 비행 능력이 뛰어나서 이미 여러 분야에 활용되고 있지. 위험한 재난 사건이 생겼을 때 실종자를 수색하고 산불을 끄는 데도 훌륭한 역할을 담당하는 것을 뉴스에서 본 적이 있을 거야. 최근에는 택배를 운반하는 드론까지 연구되고 있어서 앞으로 활용 분야는 무궁무진해.

파리는 초소형 비행체의 모델이 되고 있어. 파리는 곤충 중에서도 비행 능력이 뛰어나거든. 파리를 모델로 한 초소형 비행체 '로보비(파리 로봇)'는 파리처럼 크기가 매우 작아 레이더에도 걸리지 않기 때문에 스파이 로봇으로 이용할 수 있어.

차세대 로봇이나 비행체의 모델은 곤충이 주인공이 될 거야. 빠르게 비행하는 잠자리나 파리매, 정지 비행을 할 수 있는 꽃등에와 재니등에를 모델로 연구하면 혁신적인 차세대 로봇 비행체를 개발할 수 있지.

모기 로봇

## 뛰어난 곤충의 능력

곤충은 또 감각 능력이 매우 탁월한 생물이기도 해. 자연 환경의 변화나 움직임을 매우 잘 알아채거든. 곤충의 감각 능력은 사람들에게 특별한 아이디어를 주었어.

후각이 뛰어난 꿀벌은 폭발물과 마약범 검거에 활용되고 있어. 꿀벌은 분자 한 개만 있어도 냄새를 맡을 수 있지. 폭발물이나 마약 냄새를 맡으면 꿀벌은 주둥이를 쭉 내밀게 되고, 센서가 그 움직임을 인식해 경보음을 울려.

매미의 발음 근육은 인공 관절의 희망이야. 계속 울어도 지치지 않는 매미의 발음 근육은 탄력성이 최고로 좋은 레실린 단백질로 되어 있거든. 이것을 연구하면 활용 가치가 높은 인공 관절을 만들어 낼 수 있을 거라 기대가 커.

흰개미집(위)
흰개미집의 원리를 이용한 건축물(아래)
© 위키피디아

흰개미의 집은 건축물의 훌륭한 모델이 되었어. 흰개미의 집은 온도와 습도, 환기의 조절이 가능한 특별한 구조거든. 이렇게 얻은 아이디어로 통풍이 잘되는 건축물을 만들 수 있지.

나비 날개를 보면 각도에 따라 색이 달라 보여 몹시 신비로워. 나비의 날개가 지닌 색은 신비한 색소가 있어서가 아니라 주름과 빛이 빚어내는 구조색이야. 구조색은 위조 방지에도 쓰이고, 디자인이나 장식에 이용하면 독특한 아름다움을 표현할 수 있는 등 활용도가 높아. 빼어난 구조색을 가진 나비 날개는 차세대 홀로그램이나 나노바이오 구조의 모델이 되고 있어.

## 사람에게 위로를 주는 곤충

### 함께 마음을 나누는 반려 곤충

약 30년 전부터 멋진 뿔과 큰 턱을 갖고 있는 장수풍뎅이나 사슴벌레를 기르는 취미가 큰 인기를 끌고 있어. 곤충을 옆에 두고 기르면 곤충에 대한 관심은 더 커지겠지? 자주 보면 볼수록 더 정이 들기 마련이니까.

다른 취미도 마찬가지지만, 요즘은 나이에 상관없이 곤충을 좋아하는 사람들이 많아. 어린아이만 좋아하는 곤충이 아니라, 모두가 좋아하는 곤충인 거지. 이런 흐름대로 앞으로 애완 곤충은 반려 곤충이 되어야 해. 곤충 역시 반려 동물이나 반려 식물처럼 인간과 교감하며 살아가는 생명체니까.

작은 생명체인 곤충을 기르면 마음에 위로를 얻을 수 있어. 정성껏 기르다 보면 움직임이나 내는 소리, 먹이를 먹는 모습 등 곤충의 모습에 빠져들고, 생명에 대한 사랑과 존중감도 생기지. 곤충은 살아 있는 생물일 뿐 아니라 우리와 함께 살아가야 하는 생명체인 거야.

### 문화로 즐기는 곤충 축제

최근 들어 곤충은 점점 우리 곁으로 다가오고 있어. 소설과 뮤지컬, 연극과 영화, 생태 문화 축제에서도 자주 등장하고 있거든.

곤충의 매력에 빠진 사람들은 곤충과 인간을 연결해 주는 곤충 축제를 열기 시작했어. 시작은 가장 인기 있었던 나비였지. 매년 4월 말이면 전라남도 함평에서는 함평나비축제가 열려.
　밤하늘의 천사, 반딧불이도 축제의 주인공이야. 반딧불이는 깨끗한 자연환경에서만 서식하는 곤충으로 알려지면서 인기가 더욱 높아졌지. 생명체가 만들어 낸 신비로운 불빛을 본 사람들의 마음은 어느새 따뜻해지고 어른들은 추억에 잠기곤 해. 반딧불이 축제는 봄철에 전라북도 무주나 충청북도 옥천, 제주 등에서 열리고 있어.
곤충에 대한 인기가 높아지면서 언제든 곤충을 만날 수 있는 곤충 생태관과 나비공원도 많이 만들어졌지. 전시된 곤충을 보면 자연의 아름다움과 소중함을 깨달을 수 있을 거야. 이제 곤충은 자연에서뿐만 아니라 문화 콘텐츠로도 만날 수 있는 세상이 되었어.

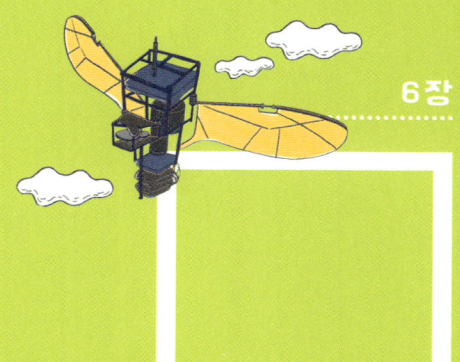

6장

# 곤충과 생물 다양성은 어떤 관련이 있을까?
### - 곤충과 생물 다양성

## 생물 다양성과 기후 변화

인류는 오랫동안 자연으로부터 많은 것을 얻으며 살아왔어. 다른 생물처럼 먹고 먹히면서 살아오다가 언젠가부터는 먹이사슬의 맨 꼭대기에 있는 최상위 포식자가 되었지.

먹이사슬의 맨 꼭대기의 인간은 필요한 것을 얻기 위해 너무 많은 자원을 쓰기 시작했고 그러면서 지구 환경을 크게 망가뜨려 왔어.

산업 혁명을 거치며 지구의 생물 자원은 급격하게 감소되었어. 이미 멸종된 생물도 많고, 멸종 위기종도 늘어났지. 지금 이 시간에도 지구에서 자취를 감추는 생물이 계속 늘어 가고 있어. 인류가 지구 환경을 오염시키고, 그 때문에 생긴 기후 변화로 지구상의 생물이 모두 불행해졌다는 뜻이지. 나만 행복하면 그만이라고 생각하는 사람들이 너무 많아진 거야.

## 산업 혁명과 환경 오염

산업 혁명은 인류에게는 첨단 사회로 향하는 문을 열어 주었지만 다른 생물에게는 죽음으로 가는 문을 열어 준 셈이었어. 산업 혁명 이후 화석 연료인 석유와 석탄을 대량으로 사용하면서 환경 오염이 심각해졌거든. 수질 오염과 대기 오염이 심각해지면서 생물은 위험에 빠졌어. 숨 쉬기 힘든 지구, 마실 물이 부족한 지구가 되어 가는 거야. 위험에 빠진 생물에는 당연히 인류도 포함되어 있어. 하지만 경제 성장과 편리한 삶에 대한 욕심은 끝이 없었지.

산업 발달에 의한 경제 성장으로 인구는 폭발적으로 늘어났어. 인구가 늘었으니 덩달아 식량 생산도 늘어났고 가축 사육도 많이 늘었지. 여기에서 큰 문제가 생겼어. 소나 돼지 같은 동물은 사료를 먹고 소화시킬 때 방귀를 많이 뀌는데, 여기에 엄청난 양의 메탄가스가 들어 있거든. 그러니까 가축 사육이 늘면 지구 대기에 배출되는 메탄가스도 많아지지. 메탄가스 속에는 탄소가 들어 있어.

화석 연료 사용과 가축 사육으로 대기 중의 탄소 배출량은 아주 높아졌어. 대기 중에 늘어난 탄소는 온실 효과를 일으켰지. 비닐 온실 속에서 햇볕으로 데워진 따뜻한 공기가 온실 밖으로 나가지 않아 따뜻함을 유지하는 것처럼, 지구를 둘러싼 온실가스가 지구가 머금었던 태양 에너지를 붙잡아 지구를 데우는 거야. 온실이 되어 버린 지구는 기온이 점점 오르면서 해마다 이상 기온과 자연재해를 일으키고 있어.

## 기후 변화와 곤충

온실 효과에 의한 기후 변화로 지구 환경은 달라졌어. 차갑게 꽁꽁 얼어 있던 빙하도 슬슬 녹기 시작했고, 사막으로 변하는 지역도 많아졌거든. 사계절이 뚜렷한 온대 기후였던 우리나라도 어느새 아열대 기후처럼 변하는 중이지.

지구촌 곳곳에서는 가뭄과 홍수, 폭염과 산불이 빈번하게 발생하고, 시시때때로 폭우가 쏟아지고 한번 발생한 산불은 멈출 줄 모르고 온 대지를 불태우고 있지. 인류의 문명이 만들어 낸 환경 오염으로 기상 이변은 일상이 되었어.

기후 변화는 지구촌에 사는 수많은 생물에게도 큰 영향을 주었어. 식물이 잎과 꽃을 피우는 시기, 겨울잠을 자는 동물이 깨어나는 시기, 알을 낳고 새끼를 낳는 시기 등이 뒤죽박죽되고 있으니까.

계절별로 곤충이 나타나는 시기도 변하고 있어. 무더운 날씨 때문에 앞당겨 출현하는 곤충이 많아졌거든. 여름에 나와야 할 곤충이 봄부터 등장하면 큰 문제야. 아직 먹이도 나오지 않았으니까.

곤충이 사는 곳도 달라지고 있어. 날씨와 기후, 환경에 따라 사는 곳이 달라지는데, 남부 지방에 살던 종이 날씨가 더워지면서 중부 지방에서 발견되는 경우가 많아. 암끝검은표범나비와 남방노랑나비는 원래 남부 지방에 살던 곤충이었지만 이제는 중부 지방에서도 볼 수 있어.

곤충의 변화는 곤충만의 문제가 아니야. 곤충과 관련을 맺으며 함께 살아가는 모든 동식물에게 영향을 미치거든. 곤충의 출현 시기와 서식지의 변화는 생태계의 다른 동식물에게도 큰 영향을 미치고 있어. 곤충이 언제 어디에서 나타날지 아무것도 예상할 수 없으니까.

 인류의 욕심으로 일어난 기후 변화는 곤충뿐 아니라 지구 생태계의 모든 생물을 위기에 몰아넣고 있어. 하지만 가장 걱정되는 건 곤충이 아니라 인류야. 곤충은 매서운 빙하기와 대멸종도 이겨 낸 적응력 최고의 생물이고, 인류는 연료와 전기만 떨어져도 추위와 더위를 견디지 못하는 연약한 생물이니까.

 지금을 생물 다양성 위기의 시대라고 해. 기후 변화 등으로 생태계가 무너지고, 야생종의 5분의 1이 사라졌어. 지금이라도 늦지 않았어. 경제 성장을 위한 발전보다 환경을 생각해야 해. 환경을 지키는 게 인류가 사는 길이야.

### 외래종의 습격

 우리나라의 기후가 무덥게 변하자 열대성 외래종들이 우리나라에 하나둘 들어와 살게 되었어.

 외래종은 어떻게 우리나라에 들어온 걸까? 날씨가 변했다고 멀리 떨어진 곳에서 외래종이 쉽게 들어올 수 있는 건 아닐 테니까. 첫 번째는 곤충이나 동물을 수입해서 집에서 키우다가 자연으로 잘못 퍼지는 경우야. 두 번째는 평형수 때문이야. 큰 배는 균형을 잡기 위해서 아래에 바닷물을 채우는데, 평형수를 조절하다 먼 바다의 해양 생물이 들어오기도 해. 세 번째는 국제 무역이 활발해지면서 수입 곡물과 수입 목재 등과 함께 곤충이나 설치류 등이 들어오기 때문이야. 국제 무역과 기후 변화가 함께 맞아떨어지면서 생긴 일이지. 예를 들어 아열대 지역 목재와 함께 거기에 붙어 있던 곤충이 우리나라에 들어오는 건데, 기후가 변하지 않았다면 추운 날씨를 견디지 못했겠지. 세계화와 기후 변화로 전 세계 곳곳에서 외래종 유입이 늘어가고 있어.

우리나라에 살지 않던 곤충이 생태계에 들어오면 문제가 발생해. 처음 보는 희한한 생물이 들어오면 원래 자리 잡고 살던 동식물은 잔뜩 긴장하거든. 외래 생물이 어떤 생물을 먹잇감으로 삼아 마구 먹어 버린다면 토종 생물 생태계가 혼란스러워지겠지. 경쟁자가 없어진 외래종의 개체 수가 급증하면 과수원이나 농작물에 피해를 일으키는 경우가 많아.

### 한국에 찾아온 외래종 꽃매미

가장 유명한 외래종 곤충은 꽃매미야. 처음에는 중국에서 들어왔다고 '중국매미'라고 부르다가 날개에 붉은 색깔이 있다고 해서 '주홍날개꽃매미'라고 불렀지. 현재는 '꽃매미'라고 해. 우리나라에 꽃매미는 어떻게 들어온 걸까? 기후가 아열대 기후로 바뀌었기 때문이야. 꽃매미는 중국의 열대 지역에 사는 곤충이거든.

꽃매미는 1932년부터 우리나라에 들어왔다는 기록이 있지만 그때는 우리나라 날씨가 추워서 꽃매미가 알을 낳아 번식할 엄두도 못 냈어. 그러나 2006년에 우리나라를 찾은 꽃매미는 달랐어. 알 상태로 겨울나기를 마치고 부화하면서 곳곳으로 퍼졌지.

처음 꽃매미를 발견한 사람들은 모두 인상을 찌푸렸어. 처음 보는 색, 처음 보는 모양이라 괴상하다고 생각했거든. 특히 무리 지어서 나무에 다닥다닥 붙어 있는 모습을 보고 기겁할 정도였지. 꽃매미는 사람들에게 두렵고 혐오스런 존재가 되었어.

외래종 꽃매미 ⓒ 한영식

가로수에 모여든 꽃매미는 나무의 즙을 빨아 먹으며 병균을 옮겼고 도시를 벗어나 과수원에도 피해를 일으켰지. 나무가 시들시들 말라 죽자 농부들은 살충제를 뿌리며 해결하려고 애를 썼어.

그러나 꽃매미는 결코 쉬운 상대가 아니었어. 멀리까지 날아가는 능력이 뛰어났거든. 아무리 하늘에서 살충제를 뿌려도 유유히 날아가는 꽃매미를 막지 못했어. 농부들의 주름살만 깊어 갔지.

온통 꽃매미 세상이 될 것 같았지만 오랫동안 번성하지는 못했어. 처음에는 꽃매미를 보고 어리둥절했던 잠자리와 사마귀가 꽃매미를 잡아먹기 시작했고 꽃매미 알에 기생하는 벼룩좀벌도 등장하면서 꽃매미 개체 수가 크게 줄어들었지.

토종 천적이 꽃매미를 막아 준 거야. 인간이 아무리 해결하려고 노력해도 하지 못했던 일을 우리나라 천적 생물이 해냈어. 그러니까 토종 생물이 건강하게 살 수 있도록 자연을 보존하는 것이 외래종의 피해를 해결하는 가장 좋은 방법인 거야.

## 계속되는 외래 해충

하지만 꽃매미가 끝이 아니야. 기후 변화는 지금도 계속되고 있으니까. 북미에서 들어온 미국선녀벌레와 중국 남부에서 유입된 갈색날개매미충이 불어나면서 곳곳에서 피해가 발생하고 있어. 더욱 큰 문제는 아직 마땅한 토종 천적이 보이지 않는다는 거야.

미국선녀벌레와 갈색날개매미충은 식물의 즙을 빨아 먹는 노린재류의 곤충인데, 즙을 빨아 먹고 배설을 하면 그 부위가 눅눅해지면서 세균이나 바이러스에 감염되지. 결국 외래종 때문에 우리 토종 식물이 죽게 되는 거야.

앞으로 기후 변화가 계속되면 어떤 새로운 외래종이 또 들어올지 몰라. 가장 위험한 건 뎅기열과 지카바이러스 같은 전염병을 매개하는 흰줄숲모기와 이집트모기야. 우리나라의 여름과 같은 무더운 날씨는 모기가 가장 좋아하니까 우리나라도 완벽히 안전하다고 볼 수는 없지.

## 곤충 다양성을
## 지키는 방법

우리나라는 사시사철 화려한 꽃이 피고, 굽이굽이 시원한 물이 흐르는 계곡, 푸른 산 등 아름다운 자연이 있는 곳이야. 이런 자연을 오래 지킬 수 있다면 산과 들에 다양한 생물과 다양한 곤충이 어우러져 살 수 있겠지.

만약 한 종류의 곤충이 사라진다면 어떻게 될까? 수많은 생물종 가운데 곤충 한 종이 멸종하는 건 별로 큰일이 아닌 것처럼 생각할 수 있어. 그러나 한 곤충의 멸종은 연쇄 멸종의 문을 여는 것과 같아. 그 곤충과 관련된 다양한 동식물까지 영향을 받게 될 테니까.

2007년에 갑자기 찾아온 꿀벌의 죽음은 생태계에서 곤충이 얼마나 중요한 역할을 했는지 확인할 수 있는 사건이었어. 꿀벌의 약 50% 이상이 실종되었거든. 이러한 꿀벌집단실종현상(C.C.D)은 전 세계 곳

꿀벌 ⓒ 한영식

곳에서 발생하면서 화제가 되었어. 꿀벌의 죽음은 꿀벌만의 죽음이 아니니까.

　꿀벌은 식물의 수분을 담당해 열매를 맺도록 돕는 중요한 생물이야. 꿀벌이 찾아오지 않자 식물은 금방 번식에 문제가 생겼어. 식물이 번식하지 못하자 식물을 먹고 사는 동물과 곤충에게도 악영향을 미쳤지. 곤충이 연결된 생태계의 먹이사슬이 붕괴되기 시작한 거야.

　꿀벌이 모두 사라진 꽃밭을 상상해 본 적이 있니? 그렇다고 꽃이 꿀벌을 찾아 나설 수도 없잖아. 식물에게 꿀벌이 찾아오지 않는다는 것은 이번 대에서 생명이 끝나는 것을 의미해. 곤충을 만나지 못해 수분되지 못한 충매화들이 지구에서 사라질 수밖에 없으니까. 만약 한 해 동안 전 세계 꿀벌의 절반 이상이 죽으면 열매 없는 암울한 세상이 된다는 예측도 나왔지.

　최근에는 100년 뒤면 곤충이 멸종된다는 충격적인 뉴스까지 나왔어. 한 종의 꿀벌이 사라졌는데도 이렇게 큰 문제가 발생하는데, 곤충 전체가 멸종된다면 끔찍한 일이 벌어질 거야. 대멸종의 시기도 이겨 낸 곤충이 멸종한다는 것은 지구의 생물 대멸종을 의미하니까. 곤충 다양성 감소는 곧 생물 다양성 감소로 이어지고 자연의 생명체는 균형이 무너진 젠가처럼 차례로 무너질지 몰라.

### 곤충 다양성을 지키려면

곤충 다양성을 유지시켜 모든 생물이 행복하게 살아가려면 어떻게 해야 할까? 우선 기후 변화를 막는 게 가장 급한 일이야. 기후 변화는 최고의 적응력을 가진 곤충에게도 힘겨운 일이거든. 아열대 기후에 적응하지 못한 우리나라 곤충은 하나둘 고향을 떠날 채비를 하고 있어. 그러고 나면 아열대 기후에서 들어온 외래종들이 그 자리를 채울 테고 생태계의 균형을 깨뜨릴 확률이 높지. 외래종의 유입을 막기 위해서는 더 이상의 기후 변화를 막아야 해. 기후 변화를 막는 건 곤충 다양성을 유지시키는 첫걸음이야.

농약을 선별해서 뿌리는 것도 매우 중요해. 병충해나 잡초를 없애려고 살충제와 제초제를 뿌려 대는 건 곤충에게 위험한 일이거든. 특정한 해충을 겨냥해서 만들었다고 하지만, 살충제는 목표로 했던 해충뿐 아니라 다른 곤충까지 위험에 빠뜨리고 특히 해충을 잡아먹는 천적 곤충까지 모조리 죽여 버리지.

해충은 적응력과 생존력이 뛰어나서 살충제를 뿌려도 살아남지만 천적 곤충은 살충제에 무기력하게 죽고 말지. 그래서 살충제를 뿌리면 뿌릴수록 곤충 다양성은 점점 감소되고 생태계의 균형은 무너지게 되는 거야. 지금부터라도 해충을 막아 낼 다른 방법을 찾아야 해.

예를 들면 모기를 없애기 위해서 살충제 대신 친환경 기피제를 이용

하는 게 좋아. 모기를 죽이는 약을 허공에 뿌리는 것보다 모기에게 물리지 않도록 긴소매 옷을 입거나 방충망을 쳐서 피하는 방법이 낫고, 모기가 번식하는 웅덩이를 없애는 게 더 효과적이야. 웅덩이가 없으면 모기는 처음부터 태어나지도 못할 테니까.

해충을 막으려고 뿌린 살충제는 해충만 죽이는 게 아니야. 다양한 곤충을 무작위로 죽이면서 자연 생태계를 파괴시키거든. 내가 뿌린 살충제는 결국 나를 향해 뿌린 셈이지. 살충제로 유익한 곤충이 죽으면 환경이 파괴되어 인간도 살지 못하게 돼.

가정이나 회사에서 사용하는 각종 세제와 겨울철 눈길에 뿌리는 염화칼슘도 문제야. 하천으로 쉽게 흘러들어가 물에 사는 수서 곤충을 죽이거든. 수서 곤충이 죽으면 물고기들은 그만큼 먹잇감이 줄게 돼. 무턱대고 뿌린 화학 물질이 자연의 다양한 생물을 죽음으로 몰고 가는 거야.

### 빛 공해와 서식지 보존

빛 공해도 곤충 다양성을 파괴하는 주범이야. 밤에 활동하는 야행성 곤충은 인공 불빛을 향해 날아와서 방황하다가 죽거든. 야행성 곤충은 별빛과 달빛을 보고 방향을 잡고 날아다니는데 가까운 곳에 인공 불빛이 있으면 착각해서 길을 잃고 몰려들지. 불빛에 유인되는 양성 주광성을 갖고 있기 때문이야.

여름밤이면 인공 불빛에 모여들어 빙빙 돌다가 죽음을 맞이하는 나방을 쉽게 볼 수 있어. 나방이 일찍 죽어 알을 낳지 못하면 애벌레도 태어나지 못해. 나방의 애벌레가 없으면 새들의 먹잇감이 줄어들지. 나방의 죽음은 나방만의 문제가 아니야. 나방을 먹이로 하는 산새들까지 위험해지는 거지.

불빛을 싫어하는 반딧불이도 빛 공해로 생존을 위협받고 있어. 환한 불빛은 반딧불이를 내쫓거든. 어두운 환경을 좋아하는 반딧불이는 인공 불빛이 켜지면 캄캄한 곳으로 옮겨 갈 수밖에 없어. 기후 변화로 고향을 떠나는 기후 난민처럼 말이야.

1990년대 이후 대도시가 많아지면서 빛 공해는 더욱 심각해졌어. 빛 공해는 곤충뿐 아니라 식물의 성장에도 문제가 되고 사람의 수면까지 방해해. 필요 없는 불을 끄고 불빛을 조금 더 어둡게 하면 곤충이 살아가는 데 도움이 되겠지? 게다가 사람들도 깊이 잠들 수 있고 에너지도 아낄 수 있어.

숲을 보호하고 가꾸는 것도 곤충 다양성을 유지하는 방법이야. 숲은 수많은 생물이 사는 서식지니까. 숲을 가꿀 때는 우리나라에 옛날부터 살았던 자생 식물을 많이 심는 것이 중요해. 낯선 외래종 식물은 토종 곤충이 싫어하거든.

도심이라도 주변에 작은 숲이 있다면, 거기에는 작은 생태계가 있는 거라고 봐도 돼. 풍성한 나무와 숲에 곤충이 번성하면, 나무와 곤충에 기대 사는 새들과 다른 동물도 깃들어 살게 되지. 곤충이 살기 힘든 곳이라면 결국 사람도 살기 힘든 곳이 될 거야.

# 곤충 다양성과 미래

**생물 다양성과 곤충 다양성**

다양한 생물이 지구에 사는 건 인간에게 가장 큰 행운이야. 수많은 생물은 서로 관계를 맺으며 살고 있으니까. 하지만 인류는 환경을 지켜야 한다는 사실, 생물 다양성이 중요하다는 사실을 너무 늦게 깨달았어.

1992년 브라질 리우데자네이루에 모인 각국은 지구 환경을 지키기 위해 '환경과 개발에 관한 리우 선언'을 발표하고 환경적으로 건전하고 지속 가능한 개발을 실현하기 위한 원칙들도 세웠지. 이때 약속한 원칙에는 생물 다양성 협약(CBD)도 있었어. 뒤늦게라도 인류의 잘못을 깨닫고 지구의 생물 자원과 환경을 보호하려는 움직임이었지만 실행하는 것은 쉽지 않았지.

왜 생물 다양성은 유지되지 못한 걸까? 생물의 서식처가 개발과 오염으로 크게 훼손되었기 때문이야. 낯선 외래종의 유입으로 토종 생물이 혼란스러워진 것도 문제였지. 급격한 인구 증가가 자연환경을 파괴하고 과도한 남획도 생물 다양성을 계속 위축시켰어. 그로 인해 지구에 서식하는 생물의 멸종 속도는 과거보다 1,000배 이상 빨라졌지.

생물 다양성을 지키려면 우선적으로 곤충 다양성을 확보해야 해. 곤충은 종 다양성이 가장 풍부하고 생물과 생물을 먹이사슬로 연결시켜 주는 중요한 역할을 하거든. 새와 물고기의 중요한 먹이

곤충을 무분별하게 해치는 농약

가 되고, 꽃 피는 식물의 꽃가루받이를 돕는 역할을 모두 곤충이 하는 거야. 그런데 환경을 중요하게 여기는 사람들도 이 작은 생물들이 하는 일을 못 보고 지나치는 경우가 많아. 곤충을 중요하게 여기지 않는 탓이지.

 그러나 기후 변화, 농약 살포, 빛 공해, 외래종 유입, 서식지 파괴 등으로 곤충은 급격히 줄어들고 있어. 해마다 1~2%의 곤충이 감소되면서 곤충 다양성 보존은 힘들어지고 있지.
곤충 다양성을 지키려면 서식처를 보존하고 기후 변화를 막아야 해. 농약 살포도 줄이고 빛 공해도 막아야 하며 무분별한 외래종 유입도 막아야만 하지. 이것은 다른 생물을 지키는 데도 필요한 일들이야. 한 가지 더 필요한 것이 있다면, 곤충을 지구촌에서 함께 살아가는 친구라고 생각하는 마음이야.

## 미래 지구의 희망

최근 여러 분야에서 이용하는 드론은 어떤 곤충을 보고 만든 걸까? 윙윙 날아다니는 드론을 잘 관찰해 보면 꿀벌이 모델이라는 걸 쉽게 알 수 있을 거야.

만약 꿀벌이 사라진다면 드론이 꿀벌을 대신할 수 있을까?

2007년 일어난 꿀벌 집단 실종 현상으로 꿀벌 개체 수가 급격히 줄어들자 꽃가루받이가 되지 않아 식물 번식에 문제가 생겼지. 꽃가루받이가 되지 않으면 열매를 맺지 못해. 식물의 번식은 다음 대가 이어지느냐의 문제도 있지만, 사람들 입장에서는 열매 부족으로 식량 생산에 차질이 생기지. 사람이 재배하는 대부분의 농작물이 꽃에서 꽃가루받이가 이루어져야 열매를 맺을 수 있고, 꽃가루받이를 담당하는 것이 바로 꿀벌이니까.

드론

숫자가 줄어든 꿀벌을 어떻게 해결할까 고민하던 사람들은 드론을 떠올렸어. 드론의 모델이 꿀벌이니 꿀벌 드론을 만들어 꽃가루를 옮겨 주면 되겠다는 생각이었지. 그래서 꽃가루를 옮겨 주는 꿀벌 드론을 개발했어.
　그러나 꿀벌 드론은 꽃가루받이 능력이 꿀벌에 비해서 턱없이 부족했어. 꿀벌 드론은 비행체 드론일 뿐이었으니까. 살아 있는 꿀벌이 자연에서 하는 역할은 꿀벌만 할 수 있는 것이었지. 결국 꿀벌이 잘 살 수 있는 자연환경을 만드는 것이 최선의 해결책이라는 걸 알게 되었어. 꿀벌 같은 수많은 곤충을 지켜 내 함께 사는 게 바로 인류가 미래를 이어 갈 수 있는 방법이지.

**작 가 의 말**

## 지구의 소중한 보물,
## 곤충

여러분 안녕! 나는 어릴 때부터 살아 있는 것에 대한 호기심이 많았어. 당연히 생물학자의 꿈을 가지고 대학에 입학했지. 그러다가 우연히 작은 생명체인 곤충에 관심을 가지게 되었고, 친구들과 함께 딱정벌레라는 뜻을 가진 곤충 연구회 '비틀즈(BEETLES)'를 만들었어.

그때부터 내 생활은 전부 곤충 중심으로 바뀌었어. 매일 곤충이 어디에 있을까 찾기 시작했고 산으로 들로 다니며 새로운 곤충을 만났지. 그렇게 지금까지 30여 년 동안 곤충과 친구로 살면서 많은 사람들에게 곤충을 알리는 일을 하고 있단다.

푸른 지구에 곤충이 산다는 건 정말 큰 행운이야. 곤충이 생태계의 먹이사슬로 동식물을 잘 연결시켜 주기 때문에 많은 생명들이 살아갈 수 있거든. 만약 곤충이 사라지게 된다면 어떤 일이 벌어질까? 아마도 먹이사슬이 와르르 무너져 지구 위의 생명체는 모두 멸종하고 말 거야. 다행히 곤충은 작지만 생존력과 번식력이 탁월해서 아직까지 든든한 생태계의 연결자 역할을 잘해 주고 있지. 그 덕분에 지구의 모든 생명체는 안심하고 평안하게 살아갈 수 있어.

그런데 최근 들어 곤충은 큰 위기를 맞고 있어. 사람들이 만든 도시나 산업 단지 등의 개발로 서식지가 급격히 줄어들었거든. 그뿐만 아니라 살충제 남용과 기후 변화 등으로 그 어느 때보다 살아남기 힘든 환경이 되었어.

게다가 곤충은 사람들의 편견 때문에도 힘들어. 아직도 '벌레'라고 부르며 '해충' 취급을 하거든. 이 책을 읽는 여러분이라도 곤충이 우리와 함께 더불어 살아가는 소중한 생명체라는 걸 잊지 않았으면 해.

《궁금했어, 곤충》에서는 우리에게 선물과도 같은 곤충이 지구에 탄생한 역사, 곤충을 연구한 사람들, 그리고 곤충이 지구 생태계를 위해 어떤 일을 하는지, 우리에게 어떤 자원을 제공해 주는지 등 흥미 있고 재미있는 이야기들이 담겨 있어.

책을 읽고 나서 곤충에 대한 여러분의 생각이 조금이라도 바뀌었으면 좋겠어.

한영식

사이언스 틴스 09

# 궁금했어, 곤충

초판 1쇄 발행 2022년 8월 22일
초판 4쇄 발행 2023년 11월 27일

글 | 한영식
그림 | 남동완
펴낸이 | 한순 이희섭
펴낸곳 | (주)도서출판 나무생각
편집 | 양미애 백모란
디자인 | 박민선
마케팅 | 이재석
출판등록 | 1999년 8월 19일 제1999-000112호
주소 | 서울특별시 마포구 월드컵로 70-4(서교동) 1F
전화 | 02)334-3339, 3308, 3361
팩스 | 02)334-3318
이메일 | book@namubook.co.kr
홈페이지 | www.namubook.co.kr
블로그 | blog.naver.com/tree3339

ISBN 979-11-6218-211-6　73490

값은 뒤표지에 있습니다.
잘못된 책은 바꿔 드립니다.